Arnulf Baring
Der 17. Juni 1953

Arnulf Baring

Der 17. Juni 1953

Mit einem Vorwort von
Richard Löwenthal

Deutsche Verlags-Anstalt

CIP-Kurztitelaufnahme der Deutschen
Bibliothek

Baring, Arnulf:
[Der siebzehnte Juni neunzehnhundertdreiund-
fünfzig]
Der 17. Juni 1953 / Arnulf Baring. Mit e. Vorw.
von Richard Löwenthal. – 2. Aufl. –
Stuttgart : Deutsche Verlags-Anstalt, 1983.
ISBN 3-421-06132-7

© 1983 Deutsche Verlags-Anstalt GmbH,
Stuttgart
Lektorat: Ulrich Volz
Typografische Gestaltung: Marion Winter
Satz und Druck: Georg Wagner, Nördlingen
Bindearbeit: Hans Klotz GmbH, Augsburg
Printed in Germany

Inhalt

Vorwort

Die ersten zusammenfassenden Darstellungen der Erhebung vom 17. Juni wurden unter dem frischen Eindruck der Vorgänge geschrieben. Es war unvermeidlich, daß die Gefühle der Zeitgenossen, die jene aufgewühlten Ereignisse im freien Teil Deutschlands als beteiligte und doch machtlose Zuschauer miterleben mußten, in jeder Zeile mitschwangen, auch wenn die Verfasser sich noch so gewissenhaft um die sachliche Erforschung und wahrheitsgetreue Schilderung der Tatsachen und Zusammenhänge bemühten: Gefühle der menschlichen und politischen Teilnahme am Schicksal der Unterdrückten, Empörung über das aufgezwungene System, gegen das sich die Bewegung gerichtet hatte, Genugtuung über die Fähigkeit von Menschen, plötzlich und gleichsam sich selbst überraschend das Unmögliche zu wagen, und bittere Enttäuschung über die eigene Hilflosigkeit – oder das eigene Versagen? – und den fruchtlosen Ausgang.

Auch heute noch, nach 30 Jahren, sind diese Gefühle in den meisten von uns lebendig. Doch ihr Ausdruck war schon beim ersten Erscheinen dieses Buches 1965 durch häufige Wiederholung bis zur Unerträglichkeit abgegriffen; eine Empörung, die wieder und wieder zu Markt getragen wird, ohne praktische Konsequenzen zu zeitigen, muß als unverbindliche Phrase erscheinen. Für die neue Generation insbesondere, die seit Stalins Tod und dem 17. Juni herangewachsen war, verdeckte schon damals eine unglaubwürdig gewordene Rhetorik oft die wirkliche Bedeutung des Geschehenen, anstatt es zu erhellen. So kam die betont nüchterne Studie Arnulf Barings zur rechten Zeit: Sie beschränkt sich auf die geschichtlichen Fragen, was sich wirklich ereignet hat, wie der Volksaufstand möglich wurde und welches seine Konsequenzen waren, und überläßt die Wertung dem Leser.

Mir blieb es, einleitend den internationalen Hintergrund zu skizzieren, auf dem sich die von Baring dargestellte Entwicklung abgespielt hat: die beginnende wirtschaftliche und politische Krise des sowjetischen Großreichs in den Monaten nach Stalins Tod einerseits, die gleichzeitigen Diskussionen um eine mögliche diplomatische Neuaufrollung der deutschen Frage in Viermächteverhandlungen andererseits. Über diese sind nach dem ersten Erscheinen des Buches neue Einzelheiten bekannt geworden.

Als Stalin am 5. März starb, hinterließ er die Sowjetunion und ihre europäischen Satellitenstaaten in einem Zustand gefährlicher Überanspannung ihrer wirtschaftlichen Kräfte. Auf das Ende der europäischen Nachkriegsoffensive der Sowjets in den Jahren 1948/49 – mit dem Scheitern der Blockade Berlins, dem Abfall Titos, dem Zusammenbruch des griechischen Bürgerkriegs und der Gründung der NATO – hatte Stalin nicht mit einer Wendung zur Entspannung, sondern mit den »Titoistenverfolgungen« in Osteuropa und 1950 mit dem Abenteuer des Koreakrieges reagiert; seine mangelnde Bereitschaft, diesen Krieg zu beenden, hatte entscheidend zu einer massiven westlichen, zumal amerikanischen Wiederaufrüstung im allgemeinen und zum Entschluß des Westens zur Bewaffnung der Bundesrepublik im besonderen beigetragen. In seinen letzten Jahren schwankte Stalin zwischen halben Entspannungsversuchen und übersteigerten Rüstungsanstrengungen, und die Völker des Sowjetblocks hatten die Kosten dieser Politik zu tragen: Die Planziele der Schwer- und Rüstungsindustrie wurden wieder und wieder heraufgesetzt, ohne Rücksicht darauf, daß die Erschöpfung der Arbeits- und Rohstoffreserven die Inangriffnahme der geplanten Projekte nur noch auf Kosten eines absoluten Rückgangs der Konsumgüterindustrie und der Landwirtschaft, mithin eines absoluten Rückgangs im Lebensstandard der Bevölkerung, zuließ. Im Winter 1952/53 führte die sich ausbreitende Ernährungskrise in einem Satellitenland nach dem anderen zu einem Rückgang der Arbeitsproduktivität selbst in den begünstigten Grundstoffindustrien: Die Überspannung der Rüstungspolitik begann, an ihre absoluten Grenzen zu stoßen. Das »Auskämmen« von Kleinindustrie, Handwerk und Handel der deutschen Sowjetzone im Rahmen von Ulbrichts »Aufbau des Sozialismus« mit seinen fühlbaren Konsequenzen für den deutschen Lebensstandard war nur ein Spezialfall dieser allgemeinen Krise des Sowjetblocks.

Die Erben Stalins erreichten so schon in den ersten Monaten Hilferufe und Alarmsignale aus den Satellitenstaaten; so begann Moskau seit April 1953 einen »Neuen Kurs« vorzubereiten, der Konzessionen an die Bauern, Arbeiter und Konsumenten mit Bemühungen um eine internationale Entspannung und damit eine Verlangsamung des Rüstungswettlaufs verbinden sollte. Dem schnellen Abschluß des lange verzögerten Waffenstillstands in Korea und den Versicherungen Malenkows, alle internationalen Probleme könnten mit gutem Willen friedlich gelöst werden, entsprach die der SED-Führung aufgezwungene Wendung vom 9. Juni; die Lockerung des Drucks auf die tschechischen Arbeiter nach den Pilsener Unruhen, die Anfang Juni von der konfiskatorischen »Währungsreform« der tschechischen Kommunisten ausgelöst worden waren; die Einsetzung der ersten Regierung Imre Nagy in Ungarn am 4. Juli mit einem Programm der erhöhten Produktion von Konsumgütern und der Erlaubnis für die Bauern, die Mitgliedschaft in den Kolchosen aufzugeben; und schließlich »Malenkows Geschenke« an die sowjetischen Bauern – Erlaß von Steuerrückständen und eine Steuersenkung für die Privatgrundstücke – bei gleichzeitiger Ankurbelung der Konsumgüterproduktion, die der sowjetische Ministerpräsident vor dem Obersten Sowjet am 8. August bekanntgab. Auch in den anderen Ländern des Sowjetblocks zeugten bald überall die Einstellung unrationeller Investitionsprojekte der Schwerindustrie und die Gewährung von Erleichterungen für die arbeitende Bevölkerung von dem Entschluß der neuen Moskauer Führung, die Krise durch Lockerung des wirtschaftlichen Drucks zu überwinden.

Doch die wirtschafts- und außenpolitische Wendung mußte inmitten vieler Ungewißheiten von Männern verwirklicht werden, die gleichzeitig in interne Machtkämpfe um die Nachfolge Stalins verwickelt waren. Ein Rückzug von Stalins Politik unter einer noch unstabilen Führung mit verminderter Autorität konnte leicht als Zeichen von Schwäche aufgefaßt werden; wieweit konnten die neuen Männer die Zügel lockern, ohne die Kontrolle zu verlieren? Ebenso warf der Versuch einer außenpolitischen Entspannung die Frage auf, wieweit der Westen dazu bereit sein und welchen Preis er dafür fordern würde. Die Fragen nach dem zulässigen Ausmaß der Lockerung nach innen und Entspannung nach außen wurden so unvermeidlich zum Gegenstand von Machtkämpfen in der kommunistischen Führung – in Moskau und zum Teil in den Satellitenländern. Der Aufstand vom 17. Juni wurde, wie Barings Studie zeigt, durch das Zusammentreffen all dieser Faktoren ermöglicht: die Anhäufung von Erbitterung in der vorangegangenen Periode extremen Drucks, die Plötzlichkeit des Rückzugs auf Semjonows Weisung am 9. Juni, die Auseinandersetzungen zwischen Ulbricht und seinen Kritikern im Politbüro der SED und das Ausmaß der erforderlichen Wendung und die dadurch in die Reihen der SED hineingetragene Unsicherheit. Dieselben Ursachen führten auch anderswo zu einem vergleichbaren Aufleben selbständiger Aktivität der Untertanen des kommunistischen Parteiregimes, wenn auch nirgends von gleicher Tragweite: In Ungarn löste der plötzliche Regierungs- und Linienwechsel Anfang Juli massenhafte Austritte aus den Kollektivgütern aus, die zu einer unkontrollierten Aufteilung ihres Landes und Inventars mitten in der Ernte führten; und in der Sowjetunion wurde das Zusammentreffen der Nachrichten aus Deutschland mit der Schwächung der Staatsautorität im allgemeinen und der Macht der Geheimpolizei im besonderen nach Berijas Sturz zum Anlaß jener Streikwelle der Arbeitssklaven in den Straflagern, die zum Vorspiel der Auflösung der meisten dieser Lager werden sollte. Schließlich wurde die Massenflucht aus den Kollektivgütern in Ungarn in den beginnenden Machtkämpfen zwischen dem reformwilligen Regierungschef Imre Nagy und dem stalinistischen Parteiführer Rakosi zum gewichtigen Argument – ähnlich wie der 17. Juni zu einem wesentlichen Faktor für den Sieg Ulbrichts über seine Rivalen – und aller Wahrscheinlichkeit nach zum Anlaß für den Sturz Berijas in Moskau.

Die besonders enge Verkettung zwischen den internen Kämpfen, die im Sommer 1953 unter den Führern der SED und der KPdSU ausgefochten wurden, erklärt sich aus der Schlüsselstellung der DDR für die sowjetische Entspannungspolitik. Seit dem Herbst 1950 hatte Stalin sich vergeblich bemüht, die Bewaffnung der Bundesrepublik im Rahmen der NATO durch eine Reihe von mehr oder weniger vagen Verhandlungsangeboten zu verhindern; als er starb, waren die Bonner und Pariser Verträge unterzeichnet, aber noch nicht in Kraft, und die Ratifizierung des EVG-Vertrags in Frankreich höchst zweifelhaft. Die Erben Stalins hatten guten Grund zu zwei-

11

feln, ob die zur Kontrolle der wirtschaftlichen Krisenerscheinungen notwendige wirtschaftspolitische Wendung in der Sowjetunion und in ihrem osteuropäischen Imperium ohne eine außenpolitische Entspannung durchführbar sein würde.

In dieser Situation hatte Winston Churchill, der damals zum letztenmal britischer Premierminister war, sein eigenes Interesse an solcher Entspannung mit den neuen Sowjetführern signalisiert, indem er am 20. April 1953 im Unterhaus ein baldiges Gipfeltreffen der vier für Deutschland zuständigen Siegermächte des Zweiten Weltkriegs vorschlug – ein Treffen, das offenbar *vor* der Ratifizierung der Verträge stattfinden sollte. Die *Prawda* antwortete am 28. April mit dem Vorschlag eines »Friedenspakts« der vier Großmächte, und es scheint, daß die neue sowjetische Führung, veranlaßt von Malenkow und Berija, auf Churchills öffentliches Signal mit geheimen Fühlern über eine andere Lösung der »deutschen Frage« reagierte – einer Wiedervereinigung Deutschlands in Freiheit auf der Grundlage der Neutralität, aber zu für den Westen interessanteren Bedingungen als denen der Stalin-Noten des Vorjahres; und es scheint auch, daß Churchills weitergehende Unterhausrede vom 11. Mai, in der er als Thema einer Gipfelkonferenz eine Lösung der deutschen Frage unter Berücksichtigung des sowjetischen Sicherheitsbedürfnisses »nach dem Muster des Locarno-Vertrages« vorschlug – womit er offenbar ein System gegenseitiger Garantien der vier Mächte für die Grenzen zwischen einem wiedervereinigten Deutschland und seinen Nachbarn meinte –, bereits eine positive Reaktion auf diese Fühler war.

Diese Annahme stützt sich auf die von einem damaligen Mitglied des Ostberliner Bezirkssekretariats der SED[1] verbürgte Information, daß der Anfang Juni zum sowjetischen Hochkommissar in der DDR ernannte Wladimir Semjonow schon Ende der ersten Juniwoche das Politbüro der SED instruierte,

die im Vorjahr beschlossene Politik des »Aufbaus des Sozialismus« in der DDR, die zu verschärften wirtschaftlichen
Schwierigkeiten und zu vergrößerter Massenflucht aus der
DDR geführt hatte, aufzugeben und sich auf einen Machtver-
lust bei einer bevorstehenden Wiedervereinigung unter demokratischen Bedingungen vorzubereiten. Semjonow ließ wissen, Malenkow und Churchill, dessen Vermittlung die USA
erhofften, seien in ihrem Gedankenaustausch bereits weit vor-
angekommen. Gewiß ist, daß das SED-Politbüro am 11. Juni
ein Kommuniqué veröffentlichte, das schwerwiegende wirtschaftspolitische Fehler eingestand und davon sprach, daß die
neuen Beschlüsse die »Herstellung der Einheit Deutschlands«
durch »Annäherung der beiden Teile Deutschlands« (»Teile«,
nicht »Staaten«!) erleichtern sollten. Gewiß ist auch, daß am
13. Juni die Ostberliner *Tägliche Rundschau* – das offizielle
sowjetische Organ – andeutungsweise Kritik nicht nur an der
SED-Politik, sondern auch an der bisherigen sowjetischen
Deutschlandpolitik übte und die »große internationale Bedeutung« der neuen Beschlüsse des SED-Politbüros (die auf Semjonows mitgebrachten Thesen beruhten) hervorhob: »Sie sind
auf das große Ziel der Wiedervereinigung des deutschen Volkes in einem geeinten, nationalen deutschen Staat gerichtet.«
Gewiß ist schließlich, daß am gleichen Tag die SED-Führung
die Entfernung aller Parolen, die auf die Beschlüsse der
II. Parteikonferenz vom Vorjahr zurückgingen, von den Straßen Berlins anordnete – insbesondere aller Hinweise auf den
»Aufbau des Sozialismus«!
Wenn Malenkow und Berija große Hoffnungen auf den Erfolg
der Vermittlerrolle Churchills in der Gewinnung seiner Ver-
bündeten für neue Verhandlungen mit den Sowjets über ein
wiedervereinigtes Gesamtdeutschland gesetzt hatten, so hatten sie sich freilich getäuscht. Bereits vier Tage nach der »Lo-
carno-Rede« des britischen Staatsmanns war Bundeskanzler

Adenauer in London erschienen, um vor solchen Konzepten zu warnen; und obwohl es ihm nicht gelang, Churchill zu überzeugen, machte diese Idee im Westen keine Fortschritte: Churchill erkrankte, sein eigenes Außenministerium stand dem Konzept skeptisch gegenüber, und bei der neu angetretenen amerikanischen Administration von Eisenhower und Dulles hatten Adenauers Warnungen und das eigene Interesse an einer in die NATO integrierten Bundesrepublik mehr Erfolg.[2]

So war von seiten der westlichen Diplomatie keine offizielle deutschlandpolitische Initiative unternommen worden, als die Unzufriedenheit der Arbeiter in der DDR, kombiniert mit der Desorganisation der SED-Führung (die durch den Konflikt zwischen dem von der Absetzung bedrohten Ulbricht und den Anhängern des von Semjonow geforderten »Neuen Kurses« ausgelöst wurde), zum Aufstand des 17. Juni führte, den schließlich nur das Eingreifen sowjetischer Panzer niederschlagen konnte. Es scheint, daß dieser Schock Malenkow veranlaßt hat, die Verantwortung für den mißlungenen Versuch einer neuen Deutschlandpolitik auf Berija allein abzuschieben, und allen Rivalen des gefürchteten Geheimpolizeichefs eine bequeme Gelegenheit bot, ihn zu stürzen. Die Entscheidung für Berijas Verhaftung ist nach späteren offiziellen Angaben schon am 26. Juni gefallen, obwohl sie erst am 9. Juli bekanntgegeben wurde. Es steht auch fest, daß Ulbrichts Gegner im Politbüro der SED den Kampf auch nach dem 17. Juni zunächst weiterführten und erst nach Berijas Sturz zum Schweigen gebracht und gemaßregelt wurden. Kurz, die Abkehr der sowjetischen Führung von ihrem letzten Experiment einer Lösung der »deutschen Frage« durch ernsthafte Verhandlungen über die Bedingungen einer Wiedervereinigung folgte dem Aufstand und fiel mit der Ausschaltung Berijas zusammen.

Ulbricht hat schon kurz nach Berijas Sturz – auf dem 15. Ple-

num des Zentralkomitees der SED im Juli – und Chruschtschow etwas später den Gestürzten angeklagt, er habe die
DDR in Verhandlungen mit dem Westen »verkaufen« wollen[3]. Chruschtschow hat dann Jahre danach diesen Vorwurf
auf Malenkow ausgedehnt, nachdem dieser 1955 ebenfalls ge-
stürzt und 1957 als Mitglied einer »parteifeindlichen Gruppe«
gebrandmarkt worden war. Doch die Tatsache, daß Semjonow, der die Aufgabe hatte, die DDR in diesem Sinne »ver-
kaufsreif« zu machen, niemals gemaßregelt wurde und seine
Karriere als erster Deutschlandexperte unter den sowjetischen
Diplomaten in Ehren fortgesetzt hat, ist zwingender Beweis,
daß sein Auftrag nicht von Berija allein und auch nicht von
Berija und Malenkow, sondern von einem – freilich auf deren
Initiative gefaßten – offiziellen Beschluß des Politbüros gekommen war. Was am 17. Juni scheiterte, war ein offizielles
Experiment der sowjetischen Politik und keine private Intrige
einzelner sowjetischer Führer.

Müssen wir daraus schließen, daß die Volkserhebung vom
17. Juni die entscheidende Ursache dieses Scheiterns war und
daß die streikenden und demonstrierenden Arbeiter der DDR
in tragischer Weise gerade das verhinderten, was sich im Laufe
der Bewegung als ihr letztes und höchstes Ziel herausgestellt
hatte – die Wiedervereinigung in Freiheit? Ein solcher Schluß
würde sich auf den unmittelbaren Anlaß der sowjetischen
Wendung konzentrieren und den eigentlichen ursächlichen
Faktor übersehen – die Starrheit der westlichen, auch der
westdeutschen Außenpolitik in den kritischen Monaten nach
Stalins Tod. Speziell im Falle der Bundesrepublik handelt es
sich hier nicht um ein Versagen aus Unfähigkeit, sondern um
eine mit vollem Bewußtsein betriebene Politik ihres ersten
Kanzlers: Adenauer gab Bonns Westintegration mit der Perspektive zunehmender Gleichberechtigung eindeutige Priori-
tät – nicht nur vor einer deutschen Einheit ohne politische

Freiheit, sondern selbst vor einer Einheit mit innerer politischer Freiheit unter Bedingungen, die eine Begrenzung der Freiheit zu internationalen Bündnissen, also eine Neutralität unter internationaler Kontrolle bedeutet hätten. Statt dessen wurde die deutsche Teilung festgeschrieben – und damit zum Schlußstein der Teilung Europas.

So gesehen bezeichnet der 17. Juni nicht nur eine Krise der sowjetischen, sondern eine versäumte Chance einer alternativen westlichen Politik. Geschichtlich versäumte Gelegenheiten kehren nicht wieder, jedenfalls nicht in der gleichen Form; dennoch enthalten sie Lehren für den, der zu lernen bereit ist.

Im Augenblick, da die vorliegende Studie erneut erscheint, hat in der Sowjetunion abermals ein Führungswechsel nach dem Tode eines Generalsekretärs der KPdSU stattgefunden – und abermals in einer Konstellation hochgradiger politischer und militärischer Spannung zwischen den Supermächten, die diesmal mit massiven wirtschaftlichen Problemen nicht nur auf der östlichen, sondern auch auf der westlichen Seite zusammenfällt. In der Sowjetunion haben sich in der langen »Ära Breschnew« die Formen des politischen Entscheidungsprozesses regularisiert und stabilisiert, und ein erneuter Machtkampf im Politbüro um die Nachfolge erscheint weit weniger wahrscheinlich als nach Stalins Tod – doch die Wahl zwischen außenpolitischen Alternativen, vor denen die neue Führung unter Jurij Andropow steht, ist kaum weniger schwer. Die Westmächte haben nach allen unseren Erfahrungen kaum Chancen, die Entwicklung des sowjetischen *Systems* zu beeinflussen – sei es durch Druck oder »Annäherung«. Doch sie haben in kritischen Situationen die Möglichkeit, die Entwicklung der sowjetischen *Außenpolitik* durch ihr eigenes Handeln zu beeinflussen, indem sie deutlich machen, daß sie bereit und in der Lage sind, Konfrontation mit Konfrontation, aber kooperatives Handeln mit eigener Kooperation zu beantworten.

Heute befinden wir uns in einer dieser kritischen Situationen, vor allem im Hinblick auf die Kontrolle des nuklearen Wettrüstens durch Verhandlungen. Das geteilte Deutschland und das geteilte Europa haben sich, obwohl und gerade weil sie Grenzgebiete der waffenstarrenden Supermächte bilden, 30 Jahre lang eines militärischen Friedenszustandes erfreut, der in einer vielfach von regionalen und lokalen Kriegen zerrissenen Welt einzigartig war. Doch dieser Friede, der anfänglich auf dem atomaren Monopol der Amerikaner, dann lange auf ihrem eindeutigen Übergewicht, schließlich im Jahrzehnt der Entspannungspolitik auf einem beiderseitig akzeptierten nuklearen Gleichgewicht beruht, erscheint bedroht, seit in den letzten Jahren dieses Gleichgewicht beider Seiten unstabil scheint, so daß aus der Sicht der Völker die Versuchung der Regierungen zum Wahnsinnsakt eines nuklearen Erstschlages nicht mehr absolut ausgeschlossen werden kann. Daher die Angst, mit der die Rüstungsmaßnahmen und Rüstungsverhandlungen heute von den Völkern verfolgt werden. Daher auch die lebenswichtige Bedeutung der Chance größerer Flexibilität, die der Führungswechsel in der Sowjetunion bieten mag, und des Abtastens und gegebenenfalls Ergreifens dieser Chance durch eine flexible Verhandlungspolitik des Westens.

Die Tragödie des 17. Juni hat uns vor 30 Jahren gezeigt, wie folgenschwer und unwiederbringlich das Verpassen solcher einmaliger Chancen sein kann. In unserer Zeit könnte das Verpassen einer derartigen Chance in einer ungleich folgenschwereren Tragödie für die Völker Europas und Deutschlands enden.

Berlin, im November 1982   Richard Löwenthal

1 Es handelt sich um Heinz Brandt, der sich nach dem 17. Juni in die Bundesrepublik absetzte und dort über die Ereignisse berichtete, dann vom Staatssicherheitsdienst der DDR gewaltsam entführt und nach dreijähriger Gefängnishaft 1964 freigelassen wurde. Siehe sein Buch »Ein Traum, der nicht entführbar ist«, München 1967, besonders Seite 209-223.

2 Vergleiche hierzu den 2. Band von Adenauers »Erinnerungen«, der die Jahre 1953-1955 behandelt; Arnulf Barings »Außenpolitik in Adenauers Kanzlerdemokratie«, München 1969; und für eine gedrängte Zusammenfassung R. Löwenthal, »Vom kalten Krieg zur Ostpolitik«, Seite 17-20.

3 Siehe Carola Stern, »Ulbricht«, Köln 1963, Seite 180 für Auszüge aus Ulbrichts Rede in einer parteiinternen Broschüre.

Die Vorgeschichte des 17. Juni

Die zweite Parteikonferenz
und ihre Folgen

Die Vorgeschichte des 17. Juni 1953 beginnt bereits im Juli 1952, als auf der zweiten Parteikonferenz der SED, die vom 9. bis 12. Juli in Berlin stattfand, Walter Ulbricht den Aufbau des Sozialismus verkündete. Dementsprechend stellte die Parteikonferenz fest, daß »die politischen und ökonomischen Bedingungen sowie das Bewußtsein der Arbeiterklasse und der Mehrheit der Werktätigen. . . so weit entwickelt (seien), daß der Aufbau des Sozialismus zur grundlegenden Aufgabe geworden« sei.[1]

Diese Proklamation bedeutete allerdings nicht den Beginn des Übergangs zum Sozialismus, sondern nur die Beschleunigung des Wandlungsprozesses, der bereits einige Jahre zuvor eingesetzt hatte.

Nach dem Krieg, etwa bis 1948, war das Hauptaugenmerk der Sowjets in ihrer Zone zunächst darauf gerichtet gewesen, in möglichst großem Umfange Reparationen zu erhalten. Während dieser Zeitspanne stellten sie ihre sozialistischen Pläne zurück – aus welchen Gründen auch immer – und beschränkten sich darauf, in der sogenannten antifaschistisch-demokratischen Ordnung ein festes Fundament für künftige Entwicklungen zu schaffen. In den Jahren 1948/49 trat ein Wandel ein; von nun an wurde die Umbildung ihrer Zone zu einer Volksdemokratie immer rascher vorangetrieben. 1948 trat der erste

Wirtschaftsplan in Kraft. Im Oktober 1949 wurde die DDR gegründet. Bis 1950 stieg der Anteil des sozialistischen Sektors, also der volkseigenen, kommunalen und genossenschaftlichen Industrie, an der Gesamtproduktion auf 51 Prozent (gegenüber 20 Prozent im Jahr 1946). Schon in der Mitte der fünfziger Jahre vertrat die SED offiziell die Auffassung[2], in den Jahren 1949/50 sei mit der Errichtung der DDR-Staatsmacht, dem Beginn einer umfassenden Wirtschaftsplanung, dem Übergewicht der volkseigenen über die private Wirtschaft und mit der Ersetzung der Parteienkonkurrenz durch die Nationale Front (eine Zusammenfassung der Parteien und Massenorganisationen unter Führung der SED) die volksdemokratische Phase eingeleitet worden. Die deutschen Kommunisten nahmen mit der Kombination von bewußt gelenktem Wirtschaftsumbau und massierter ideologischer Beeinflussung der Bevölkerung die Neugestaltung des wirtschaftlichen und sozialen Gefüges ihres Herrschaftsbereichs in Angriff. Dabei wurden sie allerdings von Anfang an durch ihre offen zutage liegende Bindung an Moskau, durch das Nebeneinanderbestehen zweier deutscher Teilstaaten und durch die Unzulänglichkeit der Rohstoffquellen und des Industriepotentials der DDR stark behindert.

Im Sommer 1952, mit der zweiten Parteikonferenz, begann die zweite Phase des revolutionären Umwandlungsprozesses.[3] Noch im Juli wurden die ersten Landwirtschaftlichen Produktionsgenossenschaften (LPG), bald darauf Produktionsgenossenschaften des Handwerks gegründet, und der Staatsapparat wurde durch eine Neugliederung des DDR-Territoriums (durch die Auflösung der bisherigen fünf Länder und die Gründung von vierzehn Bezirken) vollkommen umgebaut. Kurz zuvor hatte sich die DDR nach außen abgeschirmt: Als Antwort auf die Unterzeichnung des Vertrages über die Europäische Verteidigungsgemeinschaft (EVG) wurde die Zonengrenze zur Staatsgrenze erklärt, der Reiseverkehr gedrosselt, das Telefon- und Straßenbahnnetz innerhalb Berlins unterbrochen, Westberlinern die Einreise in die DDR verwehrt. (Es fällt heute schwer, sich zu erinnern, daß man bis zum Sommer 1952 von Westberlin aus unkontrolliert überall in die Zone reisen konnte; meine Schulklasse machte vor dem Abitur Ferien im Ostharz, noch zu Anfang der fünfziger Jahre habe ich mit Freunden von Berlin aus zu Fuß und zu Rad die Mark Brandenburg durchwandert.) Der Abriegelung nach außen entsprach die »erhöhte Wachsamkeit« im Innern: allenthalben wurden Agenten, Diversanten, Spione und Saboteure entlarvt. Jugendliche, die sich zur Jungen Gemeinde bekannten, wurden von den Schulen und Universitäten verwiesen, zahlreiche Pfarrer wegen angeblicher Strafrechtsverstöße zur Rechenschaft gezogen. Vor allem wurden Tausende von Unternehmern, Gewerbetreibenden und Bauern wegen des Verdachts der Steuerhinterziehung oder gar einer politischen Widerstandstätigkeit verhaftet, verurteilt und enteignet.

Angesichts dieser Entwicklung überrascht es nicht, wenn gegen Ende des Jahres 1952 die wirtschaftlichen Schwierigkeiten, mit denen die DDR zu kämpfen hatte, beträchtlich zunahmen.

Diese Schwierigkeiten hatten indessen auch noch andere Ursachen. Nach dem von Stalin – unter Berufung auf die Reproduktionstheorie von Marx – aufgestellten Gesetz der planmäßigen (proportionalen) Entwicklung der Volkswirtschaft, das nach Meinung von Kennern allerdings eher dem Bereich reiner Metaphysik als dem praktischer, ökonomischer Vernunft angehört, müssen die Zweige der Industrie, die Produktionsmittel (also zum Beispiel Grundstoffe oder Maschinen) erzeugen, schneller entwickelt werden als die Zweige, die Konsumtionsmittel, also Verbrauchsgüter, herstellen. Demzufolge hatte der erste Fünfjahresplan (1951–1955) für die DDR vor allem den Aufbau einer bedeutenden Schwerindustrie vorgesehen.

Der Anteil der Produktionsmittelerzeugung an der Industrieproduktion der DDR ist nicht bekannt; nach westlichen Schätzungen entfallen heute etwa zwei Drittel auf Produktionsgüter. Welche Schwierigkeiten sich dem ehrgeizigen und kostspieligen Vorhaben der sozialistischen Industrialisierung in einem rohstoffarmen und durch Demontagen geschwächten Lande wie der DDR vor allem am Anfang entgegenstellten, zeigt das Beispiel der Stahlerzeugung: Die Produktion von Rohstahl, die 1936 im Gebiet der heutigen DDR 1,2 Millionen t jährlich betragen hatte, sollte bis 1955 zunächst auf 3,4 Millionen t erhöht werden, die Produktion von Walzstahl im gleichen Zeitraum von 898 000 t auf 2,2 Millionen t.

1946 war die Erzeugung von Roh- und Walzstahl jedoch, da die Erzeugungskapazitäten zu 85 Prozent durch sowjetische Demontagen verlorengegangen waren, auf 97 000 t Rohstahl und 76 000 t Walzstahl, also auf weniger als 10 Prozent der Vorkriegserzeugung, zurückgegangen. Erschwerend kam hinzu, daß das Gebiet der DDR vor dem Krieg nur reichlich ein Viertel seines Steinkohlenbedarfs und nur 140 000 t Eisenerz aus eigener Förderung gewonnen hatte.

Aus diesen Zahlen ergibt sich schon, wie wichtig für den Aufbau der Schwerindustrie die Erhöhung der eigenen Förderleistungen und die Schaffung neuer Produktionsstätten war. Die DDR-Führung mußte daher erstens ausreichende Investitionsmittel bereitstellen. Sie mußte zweitens den Export fördern, um die benötigten Eisenerz- und Steinkohlenmengen, die trotz aller Anstrengungen nicht im eigenen Lande gefördert werden konnten, einführen zu können. Drittens mußte sie die Arbeitsleistungen der Arbeiterschaft zu steigern suchen; es war kein Zufall, daß gerade der Steinkohlenbergbau dazu ausersehen wurde, mit Henneckes Sollübererfüllung von

380 Prozent das Signal zur allgemeinen Erhöhung der Arbeitsnormen zu geben.

Tatsächlich gelang es in den Jahren 1950 und 1951, wenn auch
bei starker Drosselung der Konsumgüter-Industrie und mit
Hilfe großer Investitionen, die Erzförderleistungen, die Pro-
duktionsziffern der eisenerzeugenden Industrie und die
Schwermaschinenproduktion ganz beträchtlich zu erhöhen. So
stieg zum Beispiel die Rohstahlerzeugung auf fast 1,9 Millionen t und lag damit um mehr als die Hälfte über der des Jahres
1936 – allein schon wegen der großen Demontagen in diesem
Industriezweig ein ganz erstaunliches Ergebnis!

Gegen Ende des Jahres 1952 stellte sich jedoch heraus, daß
der Export weit hinter dem Import zurückgeblieben war, und
zugleich zeigte sich, daß die Planziele des Jahres 1952 nicht
erreicht, die Planlohnsummen aber erheblich überschritten
worden waren.

Neben den erhöhten Ausgaben des Lohnfonds war der Staatshaushalt der DDR in der zweiten Hälfte des Jahres 1952 dadurch stark belastet, daß die Regierung es für notwendig hielt,
zum Schutze gegen »die aggressiven militärischen Vorbereitungen gegen die DDR« für den Aufbau und die Ausrüstung
der Kasernierten Volkspolizei »erhebliche unvorhergesehene
Ausgaben« zu machen, was zu einer beträchtlichen Anspan-
nung der staatlichen Finanzlage führte.

Außerdem hatte die Politik des verschärften Klassenkampfes
seit der zweiten Parteikonferenz zu einem Ansteigen der
Fluchtbewegung, besonders aus Kreisen der privaten Mittel-
und Kleinindustrie, des Handwerks und der Bauern geführt
und damit zu einem Absinken des Steueraufkommens.
Ebenso machten sich die Steuervergünstigungen für die neu-
gegründeten Landwirtschaftlichen Produktionsgenossenschaften als Verminderung der staatlichen Einnahmen bemerkbar.

Der Aufbau des Sozialismus ließ nach Meinung der Staatsführung weder eine Verminderung der Investitionen noch eine herabgesetzte Förderung der LPG noch eine Verlangsamung des Polizeiaufbaus, der heimlichen Aufrüstung zu. Daher entschloß man sich, vorerst nur etwas gegen das Auseinanderklaffen von Lohnplan und Produktionsplan zu unternehmen. Die SED glaubte, daß der Grund für die ungenügende Zunahme der Arbeitsproduktivität in der nachgiebigen Haltung gegenüber den Arbeitern seit Herbst 1951 liege, und beschloß, den »versöhnlerischen« Kurs abzubrechen. Denn anders als die Industriellen, Geschäftsleute und Handwerker, anders als das Mittel- und Kleinbürgertum und zunehmend auch die Bauern, die seit der zweiten Parteikonferenz die sozialistische Umgestaltung über sich ergehen lassen mußten und damit ihre selbständige Existenz verloren, hatte die Arbeiterschaft die Juli-Beschlüsse der SED bis zu diesem Augenblick nicht unmittelbar zu spüren bekommen, war vielmehr ungeschoren geblieben. Das hatte seine Gründe.

Auseinandersetzungen
um die Betriebskollektivverträge

Im Jahr 1951 war es erstmals zu größeren Auseinandersetzungen zwischen der Arbeiterschaft und dem Regime gekommen. Sie entzündeten sich an den Rahmen- und Betriebskollektivverträgen, einer Neuheit im deutschen Arbeitsrecht, die damals nach sowjetischem Vorbild in der DDR eingeführt wurden.

In der Sowjetunion gibt es solche Verträge seit 1922. Sie wurden dort zwischen der Gewerkschaft und der Betriebsleitung abgeschlossen und hatten zunächst ähnliche Funktionen wie die Tarifverträge in der westlichen Welt, indem sie Arbeitszeit, Entlohnung, Arbeitsschutz und ähnliches mehr regelten. Als jedoch in der zweiten Hälfte der zwanziger Jahre die Arbeitsbedingungen durch staatliche Gesetze und Verordnungen, vor allem durch die Volkswirtschaftspläne, umfassend geregelt wurden, verloren die Kollektivverträge immer mehr ihre Bedeutung als Rechtsquelle. Ihr Zweck erschöpfte sich künftig darin, den Inhalt der Gesetze und Verordnungen mehr oder weniger ausführlich zu erläutern. Von 1934 an wurden überhaupt keine Betriebskollektivverträge mehr abgeschlossen.

Erst seit 1947 gibt es in der Sowjetunion wieder Kollektivverträge. Allerdings haben sie einen ganz anderen Zweck und Inhalt als die Verträge der Jahre 1922 bis 1934. In der zweiten

Phase des sozialistischen Staates, so heißt es in einem 1952 in der DDR veröffentlichten Lehrbuch des sowjetischen Arbeitsrechts, »überwiegen in den Kollektivverträgen die konkreten gegenseitigen Verpflichtungen der Beteiligten zur Durchführung der verschiedensten Maßnahmen, die der Erfüllung und Übererfüllung der Wirtschaftspläne ... dienen«. Dieser Zweck der Kollektivverträge, Selbstverpflichtungen der Arbeiter zur Verbesserung der Arbeitsleistungen vertraglich festzulegen, entspricht angeblich dem neuen Verhältnis zur Arbeit im sozialistischen Staat. Die neue Einstellung des »von Ausbeutung befreiten sozialistischen Menschen« soll eine ständige Steigerung der Arbeitsproduktivität ermöglichen und damit die wichtigste Bedingung für den Aufbau des Kommunismus erfüllen.

Auch die in der DDR auf Grund der Verordnung vom 15. Februar 1951 abgeschlossenen Betriebskollektivverträge waren, wie die in der UdSSR aus der zweiten Hälfte der zwanziger Jahre, im wesentlichen stereotype Wiederholungen der Rahmen- und Musterkollektivverträge, die von den Ministern zusammen mit dem FDGB ausgearbeitet worden waren. Denn beim Abschluß des Betriebskollektivvertrages durfte von den Bestimmungen des Rahmenvertrages nicht abgewichen werden.

Der Zweck, der seinerzeit in der UdSSR in der ersten sozialistischen Phase mit den Kollektivverträgen verbunden worden war: den Inhalt der staatlichen Gesetze den Werktätigen ausführlich zu erläutern, dürfte in Deutschland keine Rolle gespielt haben. Den Entschluß der Machthaber, die bindend festgelegten Rahmenkollektivverträge in Hunderten von Betriebskollektivverträgen inhaltsgleich wiederholen zu lassen, mag eher die Absicht bestimmt haben, den Übergang vom frei zwischen den Sozialpartnern ausgehandelten Tarifvertrag zum staatlichen Diktat der Arbeitsbedingungen zu verschleiern.

Zugleich entsprachen schon die ersten Kollektivverträge der DDR im Jahr 1951 auch dem neuen Typ der sowjetischen Kollektivverträge. In ihnen sollten sich nämlich einzelne Arbeitnehmer und auch die Belegschaften verpflichten, höhere Arbeitsergebnisse zu erzielen oder die staatliche Produktionsauflage vorfristig zu erfüllen.

Es erwies sich 1951 als ein Nachteil für das Regime, daß die Zustimmung der Belegschaften für das Wirksamwerden der Verträge erforderlich war. Trotz allen Drucks gelang es nicht, die Kollektivverträge, wie vorgesehen, bis zum 31. Januar 1951 abschließen zu lassen. Die Frist mußte mehrfach verlängert werden, weil zahlreiche Belegschaften in offenen Abstimmungen und trotz der Anwesenheit von SED-Funktionären die Zustimmung verweigerten. Dabei wehrten sich die Arbeiter nicht so sehr gegen die Betriebskollektivverträge als solche, da in Deutschland damals noch nicht in vollem Umfange bekannt war, welchen Zweck die Kommunisten in der UdSSR seit 1947 und künftig in der DDR mit den Kollektivverträgen verfolgten. Vielmehr lehnten sich die Arbeiter gegen die offensichtlichen sozialen Verschlechterungen auf, die die Bestimmungen der Betriebskollektivverträge von denen der alten Tarifordnungen unterschieden.

Der Kampf um die Betriebskollektivverträge zeigte, wie wenig die Arbeiter dem Regime auf dem eingeschlagenen Wege freiwillig zu folgen bereit waren. In diesem Kampf wurde den Arbeitern auch zum ersten Male bewußt, daß sie dem Regime erfolgreich Widerstand entgegensetzen konnten, wenn sie in den Betrieben solidarisch zusammenhielten – eine Erfahrung, die offensichtlich im Juni 1953 den Entschluß zum offenen Protest erleichtert hat.

Da die Erreichung der Planziele entscheidend von der loyalen Mitarbeit der Arbeiterschaft abhing, entschloß sich das Regime, die 1951 aufgetretenen Schwierigkeiten nach Möglich-

keit zu vermeiden, indem es 1952 den Arbeitern entgegen-
kam.

Einmal wurden die Löhne und Arbeitsbedingungen weithin
gesetzlich geregelt und damit einer Festlegung durch Rahmen-
und Betriebskollektivverträge entzogen. Diese gesetzlichen
Regelungen waren »materiell für die Arbeiter erheblich gün-
stiger als die entsprechenden Vorschriften in den Betriebskollektivverträgen des Jahres 1951«[4] und kamen weitgehend den
Forderungen entgegen, die von den Arbeitern in den Auseinandersetzungen des Vorjahres gestellt worden waren. Die
Kollektivverträge des Jahres 1952 enthielten in der Hauptsa-
che nur Selbstverpflichtungen der Belegschaft und einzelner
Arbeiter. Da diesmal noch wenig Druck auf die Arbeiter aus-
geübt wurde, Selbstverpflichtungen einzugehen, verlief die
Abschlußaktion wesentlich reibungsloser als im Jahre zuvor.
Zum anderen versuchte die SED, dem FDGB, der an der
Formulierung und Durchsetzung der Betriebskollektivverträge mitgewirkt hatte und dadurch offen als Instrument des
Staatsapparates in Erscheinung getreten war, bei den Arbeitern wieder zu größerer Popularität zu verhelfen. Zu diesem
Zwecke wurde im *Neuen Deutschland* ein Artikel des Polit-
büro-Kandidaten und *ND*-Chefredakteurs Rudolf Herrnstadt
veröffentlicht, in dem zugegeben wurde, daß der Abschluß der
Betriebskollektivverträge 1951 zu Erbitterung und Empörung
unter den Arbeitern geführt habe.[5] Der Grund der Erbitterung, so führte Herrnstadt aus, liege in der mangelnden Berücksichtigung der Interessen der Arbeiter durch den Gewerkschaftsbund. Die SED trage daran die Hauptschuld, da sie die
Lage nicht richtig eingeschätzt habe und über Klagen und Beschwerden hinweggegangen sei. Man habe die Tatsache bisher
verschleiert, daß das Bewußtsein der Menschen mit der ökonomischen Entwicklung nicht Schritt gehalten habe. Mit der
»Methode des Kommandierens« und »sogar durch Einschüch-

terung« habe man die Arbeiter zu beeinflussen versucht, statt sie ideologisch aufzuklären und ihre Bewußtseinslage den veränderten gesellschaftlichen Verhältnissen anzupassen.

Herrnstadts Artikel eröffnete eine Pressekampagne in den Zeitungen der SED und des FDGB. Zwar durfte die staatliche Arbeits- und Sozialpolitik der DDR als Ganzes nicht angegriffen werden; aber es wurden immerhin Betriebsleitungen und Betriebsgewerkschaftsleitungen, ja sogar Minister und Staatssekretäre wegen der in ihren Bereichen herrschenden Mißstände offen attackiert. Die Folge war, daß das Verhältnis von Arbeiterschaft und FDGB/SED sich entspannte. Bei den Wahlen zu den betrieblichen und überbetrieblichen Gewerkschaftsleitungen im Herbst 1952 wurden sogar bis zu siebzig Prozent parteilose Gewerkschaftsmitglieder als Kandidaten zugelassen.

Inzwischen war der Aufbau des Sozialismus in Angriff genommen worden. Angesichts der wirtschaftlichen Schwierigkeiten, die dieser Aufbau mit sich brachte, sah sich die SED gezwungen, ihre arbeiterfreundliche Haltung wieder aufzugeben.

Die Normenerhöhung

Am 15. Januar 1953 veröffentlichte der SED-Pressedienst eine Erklärung, in der die »ideologische Sorglosigkeit« des Gewerkschafts-Organs *Tribüne* angegriffen und der Gewerkschaft vorgeworfen wurde, daß sie den »Kampf um die ideologische Klarheit«, »die richtige Einstellung zur Arbeit, zu den Normen und zum Leistungslohn unter den Arbeitern« vernachlässige und sich statt dessen ausschließlich der Interessenvertretung der Arbeiter widme.

Sofort paßte sich der FDGB den neuen Erfordernissen an. Mit den Losungen der Normenerhöhung und des Sparsamkeitsfeldzuges begann der Kampf um den »sozialistischen Inhalt« der Betriebskollektivverträge 1953, die – wie es in der *Täglichen Rundschau* hieß – »zu wirksamen Instrumenten des Kampfes um ein strenges Sparsamkeitsregime« gemacht werden sollten.[6]

Das Ziel war eine Erhöhung der Arbeitsnormen, die in den volkseigenen Betrieben entweder zu einer Steigerung der Arbeitsproduktivität oder aber zu einer Selbstkostensenkung und damit zu Einsparungen im Staatshaushalt führen mußte. Wenn die Arbeitsleistungen sich nicht verbessern sollten, konnte man erwarten, daß die Normenerhöhung eine Lohnsenkung bewirken und damit einerseits den Staatshaushalt entlasten, andererseits aber auch den ständig wachsenden

Kaufkraftüberhang abbauen würde. Denn im Sommer 1952 waren durch die Regierung auf dem Verordnungswege zum Teil beträchtliche Lohnerhöhungen vorgenommen worden. Den erhöhten Löhnen aber stand kein entsprechendes Warenangebot gegenüber, was einmal an der staatlichen Drosselung der Konsumgüterindustrien, zum anderen an der Abwanderung zahlreicher Unternehmer und der Flucht vieler Arbeitskräfte aus der Privatindustrie lag, die vornehmlich mit der Herstellung von Verbrauchsgütern beschäftigt gewesen waren.

Die Forderung nach einer Erhöhung der Normen war nicht ganz so unberechtigt, wie man zunächst annehmen könnte. Nach dem Krieg war die Arbeitsproduktivität in der sowjetischen Besatzungszone, wie übrigens auch in den anderen Zonen, beträchtlich zurückgegangen. Dies erklärte sich aus der allgemeinen Desorganisation, den Demontagen und der Ernährungslage und hatte zur Folge, daß Ende 1947 die Zahl der Beschäftigten in der Zone gegenüber der Vorkriegszeit um 180 000 Personen zugenommen hatte, obwohl die Produktion durch die Demontagen und den Rohstoffmangel auf einen geringen Prozentsatz der Vorkriegsproduktion zusammengeschmolzen war.

Es gibt keine Unterlagen darüber, wie sich der Überhang an Arbeitskräften auf die Normen allgemein auswirkte. Es können hier nur einige Beispiele aus der damaligen Presse der Zone herangezogen werden.

Zum Beispiel ging der Arbeitsnormenkatalog der Industriegewerkschaft Bau/Holz des FDGB vom Mai 1949 davon aus, daß die Leistungsmaßstäbe im Vergleich zum Vorkriegsniveau allgemein gesenkt werden müßten. Auch in den Kaligruben Thüringens wurden die Normen generell niedriger als die Vorkriegsnormen festgesetzt. Im Mansfelder Kupferbergbau legte man die Normen der Häuer auf nur 70 Prozent der Vorkriegsnormen fest; in der Max-Hütte lag die Norm bei 148 t je Schicht, obwohl tatsächlich 190–200 t je Schicht erreicht werden konnten. Die Folge war, daß die Löhne während eines Jahres in der Max-Hütte um 64 Prozent stiegen, im gleichen Zeitraum die Arbeitsproduktivität aber um 24 Prozent sank. Obwohl schon der Befehl Nr. 234 des Obersten Chefs der SMA vom 9. Oktober 1947 die Erhöhung der Arbeitsproduktivität gefordert hatte und obwohl die Arbeit der Büros zur Ausarbeitung »technisch begründeter Arbeitsnormen« (TAN-Büros) bereits im September 1948 organisiert und im Januar 1949 zentral koordiniert worden war, scheint der tatsächliche Erfolg dieser Bemühungen zunächst gering gewesen zu sein. Jedenfalls erklärte zum Beispiel Gerhard Ziller, der damalige DDR-Minister für Maschinenbau, in einer Rede am 14. Juni 1951, daß von den etwa 8 Millionen Normen auf dem Gebiet des Maschinenbaus nur 15–20 Prozent als technisch begründet anzusehen seien. Noch im Mai 1953 behauptete der stellvertretende Ministerpräsident Heinrich Rau, daß erst 37,2 Prozent der Normen in den Betrieben technisch begründet seien, im Schwermaschinenbau sogar nur 13,5 Prozent und im allgemeinen Maschinenbau 27 Prozent. Es fragt sich natürlich bei allen diesen Zahlenangaben, inwieweit die SED sie verfälscht hatte, um den Kampf für die Normenerhöhung erfolgreich bestehen zu können. Unzweifelhaft ist die Einführung technisch begründeter Normen aber nur langsam vonstatten gegangen und hat bis heute keineswegs abgeschlossen werden können. Dabei darf man freilich nicht übersehen, daß drüben als »technisch begründet« nur Arbeitsnormen gelten, »die etwa in der Mitte zwischen der Durchschnittsleistung und der Höchstleistung liegen«, also »durchschnittlich fortschrittliche Arbeitsnormen geschaffen werden« müssen[7]; weiter muß man berücksichtigen, daß die Normenerhöhung nach kommunistischer Doktrin ein niemals beendeter Prozeß ist, da angeblich die

Arbeitsproduktivität infolge immer besserer technischer Voraussetzungen, immer günstigerer Arbeitsbedingungen ständig wächst. Jedenfalls wurden jahrelang in vielen Betrieben der DDR überhaupt keine irgendwie technisch begründeten Normen eingeführt; die alten erfahrungsstatistischen Normen galten ohne Änderung weiter.

Vermutlich war es auf den passiven Widerstand der Arbeiter sowie zahlreicher Betriebs- und Gewerkschaftsleitungen zurückzuführen, daß die Einführung technisch begründeter Normen nur langsam Fortschritte machte. So berichtete die *Tägliche Rundschau* am 3. Juni 1949, einzelne Betriebsleitungen der Hütten-, Montan- und chemischen Industrie hätten ein dreiviertel Jahr nach Erlaß der einschlägigen Vorschriften die Normenrevision überhaupt noch nicht in Angriff genommen. In Mecklenburg war, der *Täglichen Rundschau* zufolge, die Beibehaltung der »niedrigen« Normen von einem Gewerkschaftsfunktionär mit der – durchaus zutreffenden – Begründung verteidigt worden, daß auch die Kapitalisten seinerzeit Möglichkeiten zur Entwicklung der Arbeitsproduktivität eröffnet, nachher aber die Arbeiter durch Heraufsetzung der Normen gedrückt hätten. Noch im Mai 1953 hieß es in der *Einheit,* der theoretischen Zeitschrift der SED, daß vielerorts vor rückständigen Auffassungen zurückgewichen werde und die Zahl der technisch begründeten Normen im Laufe des vergangenen Jahres sogar zurückgegangen sei.[7]

Das Bestreben der DDR-Machthaber, die Normen heraufzusetzen, war also verständlich. Andererseits darf man nicht übersehen, daß für viele Arbeiter die Möglichkeit, niedrige Normen überzuerfüllen und damit den Lohn aufzubessern, überhaupt erst ein einigermaßen hinreichendes Auskommen sicherte. Von den Lohnerhöhungen im Jahre 1952 waren zum Beispiel die Lohngruppen 1–4 nicht betroffen worden. Die Löhne dieser Gruppen waren zum Teil so niedrig, daß erst die

mit der Überfüllung der Normen verbundene Einkommenser-höhung die Lebenshaltungskosten decken konnte. Und auch in den bessergestellten Lohngruppen war der Übererfüllungs-lohn der stark gestiegenen Lebenshaltungskosten wegen oft unentbehrlich. Der Hauptgrund dafür, daß die Aufforderung zur Normenerhöhung auf den Widerstand der Arbeiter stieß, war die seit Herbst 1952 immer spürbarere Verschlechterung der Ernährungslage. Zunächst war die Ernte weit hinter den Erwartungen zurückgeblieben. Die Ernteergebnisse waren so schlecht, daß man keinerlei Zahlen über sie veröffentlichte; der Bericht der Staatlichen Plankommission vom Februar 1953 erwähnt die Landwirtschaft mit keinem Wort. Die Mißernte war teilweise auf die ungünstig feuchte Witterung im Herbst und den frühen Frosteinbruch zurückzuführen, vor allem aber auf die Flucht vieler Tausender von Bauern, die die DDR verließen, weil sie ihr Ablieferungssoll nicht mehr erfüllen konnten oder auch, weil sie dem enormen Steuerdruck nicht gewachsen waren. Immer größer wurde auch die Zahl der Bauern, die dem Eintritt in die Landwirtschaftlichen Produk-tionsgenossenschaften entgehen wollten und deshalb flohen. Im Jahre 1951 waren 4343 Bauern in den Westen gegangen. 1952 waren es 14 141; am Jahresende 1952 waren 750 000 Hek-tar, dreizehn Prozent der Anbaufläche der DDR, »herrenlos« und daher staatliches Eigentum geworden. Immer weiter stieg die Zahl geflüchteter Bauern: 1953 verließen sogar 37 296 Bauern die DDR (wobei die mithelfenden Familienangehöri-gen jeweils nicht mitgezählt werden).
Weitere Ursachen des Lebensmittelmangels waren die Anlage größerer Staatsreserven seit 1952 und die – mit der Aufrüstung – steigenden Forderungen der Volkspolizei und der KVP, die bessere Verpflegung erhielten als die übrige Bevölkerung.
Das Regime versuchte, die Verantwortung für die Versor-gungskrise den Resten der kapitalistischen Klassen in der

DDR zuzuschieben. Besonders die »Großbauern« (zu denen rechnete, wer mehr als zwanzig Hektar hatte, und die als kapitalistisch galten, weil sie fremde Arbeitskräfte beschäftigten) sahen sich heftigen Angriffen in der Presse, Verhaftungen und Enteignungen ausgesetzt. Aber die Sündenböcke saßen auch anderswo: die SED behauptete, daß sich »kapitalistische Elemente« sogar in die Regierung eingeschlichen und durch planmäßige Schädlingsarbeit die Versorgung sabotiert hätten; im Spätherbst 1952 wurden deshalb der Minister für Handel und Versorgung, Dr. Hamann (LDP), sowie die Staatssekretäre Albrecht (DBD) und Baender (SED) verhaftet und später abgeurteilt.

Für Ulbricht waren diese Krisen unvermeidlich. Hatte nicht Stalin seit vielen Jahren behauptet, daß der Klassenkampf sich während des sozialistischen Aufbaus verschärfe? So sah auch Ulbricht das Charakteristische der Situation in einer Verschärfung des Klassenkampfes; für ihn war es »eine offenkundige Tatsache und eine gesetzmäßige Erscheinung, daß von der Sphäre der kapitalistischen Warenproduktion ständig Störungen ausgehen«, für ihn bestand »kein Zweifel daran, daß anläßlich der . . . Versorgungsschwierigkeiten die Vertreter der überlebten kapitalistischen Kräfte versucht haben, mit allen Mitteln die ökonomischen Gesetze des Kapitalismus im Kampf gegen die Schaffung der Grundlagen des Sozialismus auszunutzen«, »daß die kapitalistischen Kräfte diesen Kampf verschärfen werden, um zu verhindern, daß durch die Förderung der landwirtschaftlichen Produktionsgenossenschaften auch in der Landwirtschaft die Produktionsverhältnisse mit den Produktivkräften in Übereinstimmung gebracht werden«.[8]

Währenddessen verschärfte sich die Krise. Die Fluchtbewegung stieg rapide an. Im ersten Halbjahr 1952, also vor der zweiten Parteikonferenz, hatten 72 000 Menschen die DDR verlassen, im zweiten Halbjahr 1952 waren es 110 000, im ersten Halbjahr 1953 mehr als das Doppelte, nämlich 225 000 Personen. Die staatliche Zentralverwaltung für Statistik mußte Ende April 1953 zugeben, daß der Volkswirtschaftsplan 1953, dessen Beginn schon erhebliche Rückstände des Vorjahres belasteten, im ersten Quartal nicht hatte erfüllt werden können; die Produktion einer großen Anzahl wichtiger Erzeugnisse war zum Teil wesentlich unter dem Plansoll geblieben. Zum ersten Male seit 1947 herrschte eine wirkliche Ernährungskrise. Schon im November 1952 hatte die Regierung durch die »Verordnung zur Verhinderung der Spekulation mit Lebensmitteln und Industriewaren« den Verkauf an Westberlin untersagt, der bis dahin als Beweis der Anziehungskraft und Leistungsfähigkeit der sozialistischen Wirtschaftsordnung begrüßt und gefördert worden war: mein erstes Fahrrad stammte aus der HO am Alexanderplatz. Viel schwerwiegender war die »Verordnung über die Ausgabe von Lebensmittelkarten in der DDR und im demokratischen Sektor von Groß-Berlin«, mit der Anfang April 1953 fast allen Selbständigen – wie Einzelhändlern, Handwerkern, Angehörigen freier Berufe – die Lebensmittelkarten entzogen wurden, so daß sie »freie« Ware zu wesentlich höheren Preisen in der HO einkaufen mußten; auch die Familienangehörigen dieser Gruppe, im ganzen etwa zwei Millionen Menschen, waren von dieser Maßnahme betroffen. Auf der anderen Seite suchte das Regime eine ausreichende Versorgung der Arbeiterschaft sicherzustellen, indem es durch die Sonderaktion »Bevorzugte Versorgung der Schwerpunktbetriebe« die Einrichtungen von Betriebsverkaufsstellen veranlaßte. Der Nutzen aller dieser Notmaßnahmen war aber offensichtlich gering. In einer Reihe von Betrieben kam es im Frühjahr 1953 zu Arbeitsniederlegungen aus Protest gegen die schlechte Versorgung und gegen die vom Regime geforderten Normenerhöhungen.

Der SED-Führung entging natürlich nicht die katastrophale Lage. Schon im Februar 1953 soll im Politbüro die Meinung vorgeherrscht haben, daß eine rasche Verbesserung der Lage notwendig, aber aus eigener Kraft nicht möglich sei. Bei den Beisetzungsfeierlichkeiten für den am 5. März gestorbenen Stalin fühlte Grotewohl, der die DDR-Delegation leitete, in Moskau vor. Man ließ ihn wissen, daß mit großen Lieferungen aus der Sowjetunion keineswegs zu rechnen sei und die DDR mit ihren Schwierigkeiten im wesentlichen allein fertig werden müsse. Anfang April wandte sich die Parteiführung offiziell mit einem Hilfeersuchen an Moskau; sie bat, »die entstandene Lage zu überprüfen und (die DDR) durch Rat und Tat zu unterstützen«.[9] Die neue sowjetische Führung legte am 15. April den deutschen Genossen dringend nahe, den harten Kurs zu mildern; eine finanzielle und materielle Hilfe komme nicht in Betracht.

Ulbricht und seine Parteigänger setzten sich indessen über diesen Ratschlag hinweg. In einer Rede, die am 16. April 1953 im *Neuen Deutschland* veröffentlicht wurde, forderte der Generalsekretär der SED unter Berufung auf den »weisen Lehrer des sozialistischen Aufbaus, J. W. Stalin« in streng stalinistischer Denkungsart »erhöhte Wachsamkeit«, »Entlarvung von Agenten und Diversanten«, erklärte alle Schwierigkeiten mit »Sabotage, Brandstiftung und Dokumentendiebstahl« und bezeichnete die »Überwindung der rückständigen Arbeitsnormen« als die vordringlichste Aufgabe.

Als das Zentralkomitee der Partei am 14. Mai zu seiner 13. Tagung zusammentrat, äußerte es sich, bevor es sich mit der Normenfrage beschäftigte, zunächst noch einmal zu den Lehren des Prager Slansky-Prozesses.[10] Der bei dieser Gelegenheit gefaßte Beschluß zeigt deutlich den Geist, der damals das Zentralkomitee beherrschte; er läßt das politische Klima der DDR im Mai 1953 spüren und beweist, wie die SED damals, statt dem Rat der Sowjets zu folgen und einen neuen Kurs einzuschlagen, eine Verschärfung des alten Kurses anstrebte. Da wird betont, daß »der Weg zum Sozialismus ein harter Kampf gegen die verzweifelten Versuche des Klassenfeindes ist, das alte fluchbeladene System des Kapitalismus wiederherzustellen«, werden die Zersetzungsversuche »von bürgerlichen Elementen und allem erdenkbaren Gesindel, wie Trotzkisten, Zionisten, Freimaurern, Verrätern und moralisch verkommenen Subjekten« angeprangert, die »sogenannte Theorie von der Abschwächung des Klassenkampfes« beim Aufbau des Sozialismus als Erfindung feindlicher Kräfte gebrandmarkt, überall »Blindheit«, »Schlamperei« und »fehlende Wachsamkeit« aufgespürt, »Kapitulanten«, »Saboteuren«, »Volksschädlingen« und »Verrätern« der Kampf angesagt.[11]

Anschließend wandte sich das ZK der Normenerhöhung zu. Da alle Appelle an die Freiwilligkeit der Arbeiter ergebnislos geblieben waren, wurde beschlossen, daß die Minister und Staatssekretäre verpflichtet seien, »alle erforderlichen Maßnahmen zur Beseitigung des schlechten Zustandes in der Arbeitsnormung« zu treffen »mit dem Ziel, die Arbeitsnormen auf ein normales Maß zu bringen und eine Erhöhung der für die Produktion entscheidenden Arbeitsnormen um durchschnittlich mindestens 10 Prozent bis zum 1. Juni 1953 sicherzustellen«.[12] Diesem Beschluß des ZK, dieser Anweisung an die Staatsorgane kam der Ministerrat der DDR am 28. Mai nach, indem er eine generelle Erhöhung der Normen um mindestens 10 Prozent in allen Betrieben der volkseigenen Industrie bis zum 30. Juni 1953 anordnete. Es ist auffällig, daß der Beschluß des ZK nicht sofort – wie sonst bei derartigen Weisungen –, sondern erst nach vierzehn Tagen behandelt wurde, und weiterhin, daß die Normenerhöhung nicht – wie das ZK gefordert hatte – schon zum 1. Juni, sondern erst zum 30. Juni befohlen wurde. Vermutlich war man sich im Ministerrat der

Problematik dieser Entscheidung bewußt – mindestens aber hielt man eine gewisse Übergangszeit für unerläßlich, um die neuen Normen bei den Arbeitern durchzusetzen. Freilich bot sich der 30. Juni 1953 als Endtermin der Normenerhöhung besonders an. Auf diesen Tag fiel der 60. Geburtstag Ulbrichts, ein politischer Höhepunkt, in dem die Selbstverpflichtungs- und Wettbewerbsbewegung aller Werktätigen gipfeln sollte.

Der Neue Kurs

Inzwischen hatte Stalins Tod in Moskau neuen Männern zur Macht verholfen. Trotz aller Auseinandersetzungen untereinander, von denen wir heute wissen, mußte ihr gemeinsames Bestreben dahin gehen, während einer unvermeidlich schwierigen Übergangszeit dem Kreml seine Rolle nach außen und im Innern zu sichern.

Nach *außen* fand sich die Sowjetunion isoliert. Die Wiederanknüpfung diplomatischer Verbindungen und die Beseitigung außenpolitischer Konfliktstoffe sollten nicht nur die Position und das Prestige der Sowjetunion verbessern, sondern offenbar auch während der Moskauer Übergangsschwierigkeiten die Spannungen zwischen den Großmächten mindern. So wurde schon eine Woche nach Stalins Tod der britisch-sowjetische Zwischenfall im Luftkorridor über der DDR am 12. März zum Anlaß genommen, in versöhnlichem Ton eine Dreimächtekonferenz über Probleme der Luftsicherheit in Deutschland vorzuschlagen. Die Einwände gegen den neuen Generalsekretär der Vereinten Nationen, Dag Hammarskjöld, wurden fallengelassen, die Gebietsansprüche gegen die Türkei aufgegeben, die Beziehungen zu Israel und Jugoslawien neu geknüpft. Vor allem wurden die festgefahrenen Waffenstillstandsverhandlungen in Korea fortgesetzt: Bereits Ende März hatten sich die Chinesen und Nordkoreaner zum

Austausch der Verwundeten bereit erklärt, kurz darauf einer Vereinbarung zugestimmt, nach der ihre gefangenen Landsleute zwischen Repatriierung oder Auswanderung nach Formosa bzw. Südkorea wählen konnten; am 27. Juli 1953 konnte der Waffenstillstand unterzeichnet werden.

Alle diese Schritte waren im Westen von Anfang an aufmerksam verfolgt worden. In der Hoffnung, daß es sich um den Beginn einer wirklichkeitsnahen Politik der Sowjetunion handele, begannen führende Staatsmänner des Westens, eine Konferenz der Regierungschefs der Großmächte zu erwägen. Die große Rede, mit der Präsident Eisenhower am 16. April die Möglichkeiten einer Entspannung zu erkunden suchte, wurde am 25. April ohne entstellende oder beleidigende Zusätze völlig objektiv von der *Prawda* wiedergegeben; die Sowjetunion gab zugleich ihre Bereitschaft bekannt, an Verhandlungen über strittige Fragen teilzunehmen. Am 28. April setzte sich die *Prawda* für einen Friedenspakt der vier Großmächte ein, während der englische Premierminister Churchill in zwei Reden im Unterhaus am 20. April und am 11. Mai eine Gipfelkonferenz forderte – eine Anregung, die in der *Prawda* am 24. Mai positiv aufgenommen wurde.

Im *Innern* begann eine stille Entstalinisierung. Politische Häftlinge wurden amnestiert, die (im November 1952 wegen des Verdachts der Ermordung höchster Sowjetführer verhafteten) Kreml-Ärzte rehabilitiert, der Staatssicherheitsdienst wurde kritisiert, eine Kampagne zur Verstärkung der sozialistischen Gesetzlichkeit eingeleitet. Vor allem plante die neue Sowjetführung einen neuen Wirtschaftskurs; Malenkow versprach schon bei seinem Regierungsantritt, die Konsumgüterproduktion zu erhöhen – ein Versprechen, das insoweit auch erfüllt werden sollte, als 1953 zum ersten Male seit vielen Jahren die Zuwachsrate der Verbrauchsgüterproduktion größer war als die Zuwachsrate der Schwerindustrie, womit sich die neuen

Machthaber (zeitweilig) über den unbedingten Vorrang der Erzeugung von Produktionsmitteln hinwegsetzten, den Stalin noch in seinem politischen Testament vom Jahre 1952 nachdrücklich als die Voraussetzung ununterbrochenen volkswirtschaftlichen Wachstums bezeichnet hatte.

Offenbar strebte die Sowjetführung außenpolitisch durch Verhandlungen mit den Westmächten, innenpolitisch durch Zugeständnisse an das Sicherheits- und Konsumbedürfnis der Sowjetbürger, ja aller Bewohner des europäischen Ostblocks eine – jedenfalls zeitweilige – Entspannung an. Deutschland war möglicherweise dazu ausersehen, die außenpolitischen Chancen einer entspannten Innenpolitik praktisch zu erkunden. Jedenfalls wurde in der DDR, die durch ihre hastige und harte Politik seit der zweiten Parteikonferenz angesichts ihrer offenen Westgrenze in einer besonders prekären Lage war, zuerst jene Schwenkung vollzogen, die unter dem Namen eines »Neuen Kurses« bald darauf auch in Ungarn, dann in Rumänien und Bulgarien, in der Tschechoslowakei und zuletzt in Polen vorgenommen wurde.

Der politische Berater der Sowjetischen Kontrollkommission in Berlin, Wladimir Semjonow, war am 22. April nach Moskau zurückgerufen worden; anscheinend, um seinen Standpunkt zur deutschen Frage darzulegen. Am 28. Mai – also am gleichen Tage, an dem der Ministerrat der DDR die administrative Normenerhöhung beschloß, – löste die Regierung der UdSSR die Kontrollkommission auf, ersetzte sie durch eine Hohe Kommission und ernannte zu deren Chef W. Semjonow, der am 5. Juni nach Berlin zurückkehrte.

Die Sowjetführung ließ gegenüber dem Politbüro der SED ihre schon am 15. April geäußerte Skepsis und Besorgnis über die Entwicklung in der DDR wiederholen; sie betonte, daß eine Revision der bisherigen Politik unerläßlich sei. Sonderlieferungen der Sowjetunion kämen nicht in Betracht, da man

selbst einen neuen Kurs und eine Verbesserung des Lebensstandards der Bevölkerung anstrebe. Die SED müsse ihre
Wirtschaftspolitik umstellen und alle Maßnahmen ergreifen,
die die Lebensbedingungen in der DDR rasch verbessern
könnten. Statt der seit Monaten überall in der DDR vorbereiteten Feiern für Ulbrichts 60. Geburtstag rieten die sowjetischen Genossen, der Generalsekretär möge sich Lenins
50. Geburtstag zum Vorbild nehmen, der sich – wie Semjonow
lächelnd in der SED-Politbürositzung sagte – zum Abend ein
paar Gäste eingeladen habe. Die entscheidenden Gesichts-
punkte der Beschlüsse, die man in Moskau von der SED-
Führung erwartete, hatte Semjonow schriftlich mitgebracht;
sie wurden wörtlich vom Politbüro übernommen.
Am 9. Juni 1953 beschloß das Politbüro der SED, das seit der
Rückkehr Semjonows in Permanenz getagt hatte, »der Regierung der DDR die Durchführung einer Reihe von Maßnahmen zu empfehlen, die der entscheidenden Verbesserung der
Lebenshaltung aller Teile der Bevölkerung und der Stärkung
der Rechtssicherheit in der DDR dienen«. Abstriche am
schwerindustriellen Aufbauplan und die vermehrte Erzeugung
von Massenbedarfsgütern wurden angeraten. Steuerzwangs-
maßnahmen gegen Bauern, Handwerker, Groß- und Einzelhändler, gegen private Industrie-, Bau- und Verkehrsbetriebe
sollten ausgesetzt, geschlossene Privatgeschäfte wieder eröffnet, enteignetes »herrenloses« Land zurückgegeben, geflüch-
teten Bauern mit Krediten, Maschinen und Saatgut geholfen,
überhaupt allen rückkehrwilligen Flüchtlingen ihr beschlagnahmtes Eigentum ausgehändigt und die Rücksiedlung erleichtert werden. Aufenthaltsgenehmigungen und Interzonen-
pässe sollten künftig großzügig erteilt, Wissenschaftlern und
Künstlern die Teilnahme an Tagungen in Westdeutschland ermöglicht werden. Wegen ihres Glaubens von der Schule ent-
fernte Schüler sollten nach ihrer Wiederaufnahme versäumte

43

Prüfungen nachholen können. Relegierte Studenten waren wieder zu immatrikulieren. Untersuchungshäftlinge sollten in leichteren Fällen entlassen, bereits Verurteilte amnestiert werden. Allen Bürgern standen künftig wieder Lebensmittelkarten zu. Preiserhöhungen sollten rückgängig gemacht, verbilligte Rückfahrkarten und Fahrpreisermäßigungen für bestimmte Personengruppen wieder eingeführt werden. Mit einem Wort: Die Zwangsmaßnahmen des letzten Jahres wurden im wesentlichen rückgängig gemacht, die seit Juli 1952 beschleunigte Umwandlung der DDR in eine Volksdemokratie abgebrochen. Unumwunden erklärte das Politbüro, daß »die Interessen solcher Bevölkerungsteile wie der Einzelbauern, der Einzelhändler, der Handwerker, der Intelligenz vernachlässigt« worden seien, was zur Folge gehabt habe, daß »zahlreiche Personen die Republik verlassen« hätten. Dem müsse Einhalt geboten werden. Ausdrücklich bekannte sich das Politbüro zum »großen Ziel der Herstellung der Einheit Deutschlands«, das von beiden Seiten Maßnahmen erfordere, »die die Annäherung der beiden Teile Deutschlands konkret erleichtern«. Zugleich stellte der Beschluß ganz offen fest, daß die SED und die Regierung der DDR »in der Vergangenheit eine Reihe von Fehlern« begangen hätten – ein Eingeständnis, das die *Tägliche Rundschau,* das Organ der sowjetischen Besatzungsmacht, in einem Leitartikel vom 13. Juni durch die Feststellung ergänzte, die ehemalige sowjetische Kontrollkommission sei »in gewissem Grade ebenfalls für die begangenen Fehler verantwortlich«.

Am 11. Juni erschien der Beschluß – ohne jeden Kommentar – im *Neuen Deutschland.* Am selben Tage traf der Ministerrat der DDR alle die Entscheidungen, die ihm nahegelegt worden waren.

Der völlig unerwartete, in keiner Weise vorbereitete und propagandistisch nicht abgesicherte Kurswechsel vom 9. Juni erklärt für sich allein noch nicht den Ausbruch der Unruhen vom 16. und 17. Juni 1953. Vielmehr haben zwei – durchaus vermeidbare – Begleitumstände der Kursschwenkung die Erhebung verursacht.

Ein einsamer Entschluß

Die Einführung des »Neuen Kurses« durch einen Beschluß des Politbüros sollte sich für die SED als verhängnisvoll erweisen.

Zwar war seit langem, vor allem aus der Geschichte der KPdSU, bekannt, daß sich alle wirkliche Macht beim Politbüro, also in Deutschland beim Politbüro der SED, konzentriert, obwohl diese Machtstellung im Statut der Partei nicht zum Ausdruck kommt. Denn in den Parteistatuten heißt es lediglich, daß das ZK »für die politische Arbeit« zwischen seinen eigenen Tagungen das »politische Büro« wählt.

Bis zum 9. Juni 1953 aber hatte man sorgfältig vermieden, die wahren Machtverhältnisse innerhalb der Partei nach außen erkennen zu lassen. Die Beschlüsse des (wöchentlich tagenden) Politbüros der SED, des höchsten Machtträgers der DDR, der eigentlichen Regierung, wurden in der Mehrzahl der Fälle geheimgehalten. Waren sie ausnahmsweise zur Veröffentlichung bestimmt, so wurden sie an das ZK geleitet und als dessen Beschlüsse veröffentlicht – so auch zuletzt die Anweisung an den Ministerrat, die Normen auf dem Verwaltungswege zu erhöhen. Denn nach dem Statut der SED ist das ZK »zwischen den Parteitagen (die in der Regel alle vier Jahre stattfinden) das höchste Organ der Partei«, sozusagen das Parlament der Partei.

Für die Entscheidung des 9. Juni aber wäre eine Beschlußfassung des ZK nicht einmal ausreichend gewesen. Wegen des

Umfangs der beschlossenen Veränderungen und wegen der grundsätzlichen Bedeutung der geplanten Schwenkung hätte ein Parteitag – oder wenigstens eine Parteikonferenz – einberufen werden müssen. Denn nach dem Statut der SED »beschließt« ein Parteitag »über das Programm . . . der Partei und bestimmt die Generallinie und Taktik der Partei«. Die Parteikonferenz behandelt »dringende« Fragen der Politik und Taktik der Partei; im Unterschied zum Parteitag kann sie kurzfristig anberaumt werden. Da der Aufbau des Sozialismus im Juli 1952 von einer Parteikonferenz gebilligt worden war, hätte also zumindest das gleiche Gremium (statt des eigentlich zuständigen Parteitags) zustimmen müssen, wenn dieser Aufbau nun zeitweilig gestoppt werden sollte.

Das Politbüro hatte freilich seine Gründe, wenn es nicht einmal eine ZK-Tagung anberaumte. Denn auf einer solchen Tagung mußte zwangsläufig die gesamte SED-Politik seit der zweiten Parteikonferenz zur Sprache kommen; es war unmöglich, gleichzeitig den Aufbau des Sozialismus und sein Gegenteil, den »Neuen Kurs«, zu rechtfertigen. Ließ sich vermeiden, in diesem Zusammenhang die Verantwortlichen der gescheiterten Politik festzustellen und aus dieser Feststellung Konsequenzen zu ziehen? In den ersten Junitagen liefen in der Berliner Bezirksleitung der SED Gerüchte um, Semjonow habe die bisherige Führung unerhört scharf kritisiert; Rudolf Herrnstadt sei beauftragt, Vorschläge für eine Neubesetzung der SED-Spitzengremien zu machen. Eine heikle personalpolitische Auseinandersetzung drohte der Ulbrichtgruppe aber auch noch aus einem besonderen Grunde: Franz Dahlem, seit Jahrzehnten ein Widersacher Walter Ulbrichts, der einzige ernsthafte Rivale des Generalsekretärs, der wichtigste Mann des Politbüros neben ihm, für Fragen der Organisation, für die Personalpolitik und die Parteiarbeit in Westdeutschland verantwortlich, als Spanienkämpfer, Westemigrant und KZ-Häftling bei allen denen in der Partei geachtet, die den Moskau-Emigranten – und besonders Ulbricht – kritisch gegenüberstanden, war knapp vier Wochen vorher, auf der letzten Plenartagung des Zentralkomitees am 14. Mai, in »Auswertung der Lehren des Slansky-Prozesses« mit der fadenscheinigen Begründung, er habe »gegenüber den Versuchen imperialistischer Agenten, in die Partei einzudringen, völlige Blindheit bewiesen«, aus dem Zentralkomitee und damit aus dem Politbüro ausgeschlossen worden. Es lag nahe, daß seine Freunde die gegenwärtige Führungskrise der Partei benutzen würden, um seinen Fall neu aufzurollen.

Aber die Normenerhöhung bleibt

Wären die drohenden Personaldebatten für sich allein Grund genug gewesen, einer ZK-Tagung aus dem Wege zu gehen, so wollte die Parteiführung außerdem unbedingt einer Diskussion über die Normenerhöhung ausweichen. Das Politbüromitglied Fritz Ebert, der Ostberliner Oberbürgermeister, räumte bei einer Sitzung in der Berliner SED-Bezirksleitung unumwunden ein, daß man keine ZK-Tagung einberufe, um eine Erörterung des Falles Dahlem und eine Normendiskussion zu vermeiden. Wer gegen die Normenerhöhung sei, sagte er, störe den »Neuen Kurs«.
Diese Behauptung war an sich nicht abwegig. Wenn in einem verarmten und überanstrengten Lande wie der DDR der Lebensstandard plötzlich rasch wachsen sollte, obwohl die Sowjetunion zu keiner materiellen Hilfe bereit war, wenn das Politbüro »über Nacht gebratene Tauben fliegen sehen« wollte, »eine Art Schlaraffenland«, wie Bruno Leuschner ironisch in einer Mitarbeiterbesprechung der Plankommission sagte[13], dann war die Verbesserung der Arbeitsproduktivität,

die Erhöhung der Arbeitsnormen noch dringender als vor dem »Neuen Kurs«. Ohnehin bezweifelte man in der Plankommission, ob die DDR sich die kostspielige neue Politik überhaupt leisten könne; man fragte sich dort sofort, ob die Ankündigungen und Versprechungen nicht eines Tages widerrufen werden müßten. Es war daher kein Zufall, sondern wohlerwogen, daß die administrative Normenerhöhung als einzige der Zwangsmaßnahmen aus der Periode des sozialistischen Aufbaus in den Beschlüssen des Politbüros und des Ministerrats nicht erwähnt, geschweige denn zurückgenommen wurde. Aber der Entschluß, an der Normenerhöhung festzuhalten, verriet wenig politisches Fingerspitzengefühl. Denn vielerorts, vor allem unter den Arbeitern, nahm man an, daß auch in der Normenfrage eine Wendung nötig sei, daß Partei und Regierung der Arbeiterklasse entgegenkommen müßten, nachdem sie sogar den kapitalistischen Schichten wie etwa den Großbauern und der Privatindustrie Zugeständnisse gemacht hätten.

Auch in der Partei war diese Auffassung verbreitet. Nun rächte sich die ferngesteuerte Geheimpolitik des Politbüros. Denn die Folge der überstürzten, selbst innerhalb der Partei propagandistisch nicht vorbereiteten, einsam vom Politbüro vollzogenen Wendung war eine völlige Verwirrung unter den Genossen bis hinauf in die Führungsgremien der Partei, der Wirtschaftsverwaltung und des Staates.

Die Unsicherheit innerhalb der Partei und die Halbheiten des »Neuen Kurses« schlugen sich deutlich in einem Artikel nieder, der am 14. Juni im *Neuen Deutschland* erschien. Unter der Überschrift »Es wird Zeit, den Holzhammer beiseite zu legen« wurde in ihm das bisherige Verfahren bei der Einführung neuer Normen scharf kritisiert. Bruno Baum, ein Sekretariatsmitglied der SED-Bezirksleitung Berlin, wurde namentlich angegriffen, weil er – allerdings schon Ende Mai – auf einer Besprechung mit Parteifunktionären der Berliner Bauindustrie erklärt hatte, daß es gelegentlich »auch einmal notwendig sei, ein Exempel zu statuieren. Man müsse eine der Bauarbeiterbrigaden, die die Arbeitsdisziplin auf der Baustelle gestört hätten (indem sie sich gegen die Normenerhöhung wandten), fristlos entlassen.« Das *Neue Deutschland* war ganz anderer Meinung. Nach Auffassung des SED-Zentralorgans durften die Beschlüsse der Regierung und der Partei über die Normenerhöhung »nicht diktatorisch und administrativ« verwirklicht werden. Man müsse, so hieß es da, mit »Schönfärberei«, »Selbstbetrug« und »Überheblichkeit« brechen. Eine Normenerhöhung dürfe erst dann verbindlich werden, wenn die Arbeiter »überzeugt« worden seien. Jeder andere Weg zur Normenerhöhung habe nachteilige Auswirkungen für die Betriebe und stoße die Werktätigen ab.

Was sollte das heißen? Der Beschluß des Zentralkomitees vom 14. Mai und die Anordnung des Ministerrats vom 28. Mai wurden vom *Neuen Deutschland* zwar mit keinem Wort angegriffen. Aber der Inhalt dieser Verlautbarungen, eine Erhöhung der Arbeitsnormen auf dem Verwaltungswege, wurde vollkommen in Frage gestellt. Die Partei hatte vor dem 28. Mai monatelang erfolglos die Arbeiter aufgefordert, freiwillig die Normen zu erhöhen. Wenn das *Neue Deutschland* jetzt verlangte, die Normen erst dann heraufzusetzen, wenn die Arbeiter von »der Bedeutung dieser Maßnahme überzeugt« worden seien, dann wollte die SED offenbar im Zeichen des »Neuen Kurses« zu ihrem damals gescheiterten Überredungsversuch zurückkehren.

Jedenfalls ging der Artikel am Montag, dem 15. Juni, bei den Bauarbeitern in der Stalin-Allee von Hand zu Hand. Es machte ihnen Mut, zu erfahren, daß schwarz auf weiß die »Holzhammer-Methoden« verurteilt wurden. Am 16. Juni, als die Demonstrationszüge der Bauarbeiter dem Politbüro gemeldet wurden, mußte sich der Chefredakteur des *Neuen*

Deutschland, Rudolf Herrnstadt, deshalb von seinen Kollegen im Politbüro sagen lassen, daß der Artikel seiner Zeitung vom 14. Juni an allem schuld sei.

Dieser Vorwurf war nur zum Teil berechtigt. Denn am 16. Juni war im Gewerkschaftsorgan *Tribüne* ein Artikel von Otto Lehmann, einem Mitglied des FDGB-Bundesvorstandes, erschienen. Dort wurde unmißverständlich erklärt, daß die Beschlüsse vom 28. Mai über die Normenerhöhung »in vollem Umfange richtig« seien, aufrechterhalten blieben und durchgeführt werden müßten. Dieser Artikel löste die Demonstration der Bauarbeiter von der Stalin-Allee in Berlin aus. Er wurde, wie der stellvertretende Ministerpräsident der DDR, Otto Nuschke (CDU), in einem Rundfunk-Interview mit dem RIAS zugab, »der Zünder . . . für die Erregungswelle«.

Erst das Zusammentreffen mehrerer Faktoren – die plötzliche und unvorbereitete Schwenkung des Politbüros, die dadurch hervorgerufene Verwirrung im kommunistischen Funktionärskörper und eine weitverbreitete Unsicherheit darüber, was aus der Normenerhöhung werden solle – hat Mitte Juni 1953 in der DDR eine Lage entstehen lassen, die eine Demonstration der Arbeiter begünstigte.

Aber warum begannen gerade die Bauarbeiter?

Die Bauarbeiter

Man muß sich die besonderen Arbeitsbedingungen im Baugewerbe vergegenwärtigen. Die Bauarbeiter sind eine Gruppe
von Arbeitern, deren Lage in einem wesentlichen Punkt von
der anderer abweicht: Sie werden, wenn Winter und Frost
kommen, jedes Jahr entlassen. Dieser Umstand hat es mit sich
gebracht, daß ein besonders ausgeprägtes Treueverhältnis der
Bauarbeiter zu einem bestimmten Betrieb, zu einem bestimmten Unternehmer nicht entstehen kann. Im Gegenteil – die
regelmäßige und unabwendbare Entlassung im Herbst zwang
die Bauarbeiter, während der Sommermonate, wenn man sie
brauchte, ihre finanziellen Interessen resolut zu verteidigen,
um für den Winter vorzusorgen. Und die ihnen im Herbst
sichere Entlassung ließ sie – wenn es sein mußte – auch schon
einige Monate früher den Verlust des Arbeitsplatzes in Kauf
nehmen, um im Streik, in der Auseinandersetzung mit dem
Arbeitgeber ihre Forderungen durchzusetzen. So wird erklär-
lich, daß die deutschen Baugewerkschaften immer als militant,
als energisch bekannt waren. Gelbe Verbände (wie man vor
1933 die Vereinigungen von Arbeitnehmern nannte, die mit
finanzieller Unterstützung der Arbeitgeber eine wirtschafts-
friedliche, also streiklose Regelung der Arbeitsbedingungen
erstrebten) hat es im Baugewerbe nie gegeben. Im Arbeits-
kampf, bei Demonstrationen kam es den Bauarbeitern zustat-

51

ten, daß sie meist kräftig gebaut sind, gewöhnt, bei jedem Wetter im Freien zu arbeiten. Das sollte auch im Juni 1953 wichtig werden; denn am 16. Juni goß es in Strömen.

So wird verständlich, daß die Bauarbeiter in der DDR und in Ostberlin von Anfang an den Versuchen, durch Einführung »zeitgemäßer« Leistungslöhne die alten tariflichen Rechte herabzudrücken, erbitterten Widerstand entgegensetzten.

So gelang es ihnen in Ostberlin lange Zeit, ihre alten Stückpreise und Vorgabezeiten gegen schärfste Presseangriffe der SED und des FDGB, in denen die Einführung technisch begründeter Normen gefordert wurde, zu verteidigen. Es gelang, obwohl der Minister Gerhard Ziller, später Sekretär des ZK der SED für Wirtschaft, in der Presse darauf hingewiesen hatte, daß Normerfüllungen von 300 und 350 Prozent auf einzelnen Baustellen die Regel seien, daß Steinholzleger einen Lohn von 5–9 Mark pro Stunde, was für damalige Verhältnisse sehr viel war, sogar ungelernte Hilfsarbeiter einen Stundenlohn von 3 Mark bekämen. Von Ziller erfuhr man gleichzeitig auch den Grund dafür, daß sich die Bauarbeiter so erfolgreich gegen SED und FDGB durchzusetzen verstanden: er sagte, daß in der Industriegewerkschaft Bau/Holz sich noch viele »alte und rückständige Funktionäre« gehalten hätten, daß bei der Normfestsetzung »schlecht gearbeitet« werde, die amtlichen Stellen vor den »rückständigen Auffassungen der Kollegen« zurückgewichen seien und glatt »kapituliert« hätten.[14]

Sicherlich war es auch auf die tatkräftige Mithilfe der Bauarbeiterschaft zurückzuführen, daß die privaten Baufirmen lange Zeit unbehelligt weiterarbeiten durften und sich am längsten von allen Industriezweigen der Verstaatlichung widersetzen konnten.

Der Abschluß der Betriebskollektivverträge im Jahre 1951 machte den Partei- und Gewerkschaftsfunktionären gerade im Baugewerbe besondere Schwierigkeiten: im Juli 1951 waren von den innerhalb der Industriegewerkschaft Bau/Holz abzuschließenden 350 Betriebskollektivverträgen erst fünf abgeschlossen, also noch nicht einmal zwei Prozent! Das Bauwesen stand damit unter allen Industriezweigen an letzter Stelle, da bei der Industriegewerkschaft Chemie immerhin schon 6 Prozent, bei der Industriegewerkschaft Textil/Leder 12 Prozent, in der Metallurgie 20 Prozent und im Bergbau sogar schon 67 Prozent der Betriebskollektivverträge zu diesem Zeitpunkt abgeschlossen waren.

Im Jahre 1952, als die Kollektivverträge der DDR im wesentlichen nur noch Selbstverpflichtungen enthielten, wurden von den Volkseigenen Baubetrieben im Vergleich zu anderen Industriezweigen die relativ kleinsten Verpflichtungen übernommen; man verpflichtete sich, die Bruttoproduktion um 17 Prozent und die Arbeitsproduktivität um 10 Prozent zu steigern, während die Selbstkosten um 11 Prozent gesenkt werden sollten. (Im gleichen Jahr verpflichtete sich zum Beispiel der Industriezweig Erzbergbau/Hüttenwesen zu einer Steigerung der Bruttoproduktion um 28 Prozent, während die Selbstkosten um 14,6 Prozent gesenkt werden sollten.)

Aber selbst diese verhältnismäßig bescheidenen Verpflichtungen der Baubetriebe wurden von ihnen in keiner Weise erfüllt. Die Baukosten wurden nicht gesenkt – im Gegenteil, sie stiegen im Volkseigenen Wohnungsbau von 1950 bis 1953 um 35–40 Prozent an. Die Bau-Union Berlin arbeitete mit so großen Verlusten, daß sie Anfang Januar 1953 aufgelöst werden mußte.

Diese besonders ungünstige Lage im Baugewerbe macht es verständlich, daß seit der Jahreswende 1952/53 eine Erhöhung der Normen der Bauarbeiter von der kommunistischen Presse als besonders dringend bezeichnet wurde.

Auf welchen Widerstand diese Forderung bei den Bauarbeitern stieß, zeigte ein Artikel im *Neuen Weg,* einer Zeitschrift, die die praktische Arbeit der SED-Funktionäre unterstützen soll. Eineinhalb Jahre, so hieß es da, habe es gedauert, bis bei den Arbeitern der Bau-Union Berlin ein neues, kostensparendes Arbeitsverfahren nach »heißen Diskussionen und ernstem Ringen« eingeführt werden konnte, obwohl selbst dann noch »ein Teil der Arbeiter (sich) abwartend, ja feindselig verhielt«, weil »bei Einführung neuer Methoden eine Erhöhung der Normen folge und damit ein Sinken des Lohnes eintreten könnte«.[15]

Trotz des neuen Arbeitsverfahrens, das angeblich auf allen Baustellen Berlins angewandt wurde, wuchs anscheinend nicht die Bereitschaft der Bauarbeiter, höhere Normen hinzunehmen. Anfang April 1953 schrieb jedenfalls der *Neue Weg*, daß bei den Bau-Unionen gebaut werde »wie früher beim Pyramidenbau«[16], und im *Neuen Deutschland* hieß es, niemand beschäftigte sich auf der Stalin-Allee mit den »falschen und ungesunden Normen«, obwohl sie »mit 200 und mehr Prozent« erfüllt würden und obwohl die Baubetriebe an der Stalin-Allee allein in den beiden ersten Monaten des Jahres 1953 mit einem Verlust von insgesamt 3,8 Millionen Mark gearbeitet hätten.[17] Demselben Artikel des *Neuen Deutschland* war zu entnehmen, daß sich in einer Parteiaktivtagung auf der Stalin-Allee die anwesenden Genossen verpflichtet hatten, »ihre Brigaden bis zum 1. Mai für eine durchschnittliche Normenerhöhung von 15 Prozent zu gewinnen«. Jedoch auch daraufhin geschah in der Normenfrage nichts.

Es hatte seine Gründe, daß die Bauarbeiter sich gegenüber den Forderungen und Anträgen der Partei so lange taub stellen konnten. Bereits Anfang 1953 fehlten in der DDR 40 000 Bauarbeiter. Selbst wer nicht fliehen wollte, konnte sich mühelos in Westberlin Arbeit suchen, aber in Ostberlin wohnen bleiben; bis zum Bau der Mauer hat es viele Tausende derartiger Pendler gegeben. In Westberlin hatte sich seit 1951 eine rege Bautätigkeit entwickelt; es herrschte ein fühlbarer Bauarbeitermangel. Die SED wollte daher zunächst auf die Bauarbeiter keinen starken Druck ausüben, um die Planziele erfüllen zu können. Dem Regime war aus propagandistischen Gründen besonders daran gelegen, daß der Aufbau der Stalin-Allee, der »ersten sozialistischen Straße Deutschlands«, schnelle Fortschritte machte. Man war daher lange Zeit bereit, eine verhältnismäßig niedrige Arbeitsproduktivität hinzunehmen, und zahlte hohe Löhne: zwischen 450 und 650 Mark, was damals viel war. Am 28. Mai wurde in einer Besprechung der Brigadiers und Aktivisten des VEB Wohnungsbau (des volkseigenen Baubetriebes, dessen Arbeiter auf der Stalin-Allee tätig waren) wieder einmal die Normenfrage diskutiert. Dabei entschied sich – wie das *Neue Deutschland* berichten mußte – die Mehrheit der Anwesenden gegen eine generelle Normenerhöhung.[18] Ende Mai kam es auf einigen Baustellen zu Arbeitsniederlegungen, weil man versuchte, den Arbeitern freiwillige Normenerhöhungen abzupressen. Inzwischen war jedoch der Ministerratsbeschluß veröffentlicht worden, auf Grund dessen die Normen in allen Betrieben bis zum 30. Juni um zehn Prozent erhöht werden mußten. Die Normenerhöhungen und Lohnkürzungen führten zu Unruhen, zu Arbeitsniederlegungen und schließlich, am 16. Juni, zum Streik.

Der 16. Juni

Die Kommunisten haben nach dem 17. Juni immer wieder behauptet, der 17. Juni sei der Tag X des Westens, ein lange geplanter und gut vorbereiteter Anschlag auf die DDR gewesen. An späterer Stelle ist zu berichten, welchen Einfluß man vom Westen aus auf die Geschehnisse des 17. Juni genommen hat, nachdem die Demonstration des 16. Juni bekanntgeworden war. Betrachtet man zunächst einmal den Beginn und den Verlauf der Demonstrationen des 16. Juni 1953, dann zeigt sich, daß eine – wie auch immer geartete – westliche Beeinflussung der Bauarbeiter vor dem oder am 16. Juni nicht nachzuweisen ist. So ist denn auch die Demonstration gegen die Normenerhöhung am 16. Juni von einigen Mitgliedern der DDR-Regierung, wenigstens zunächst, öffentlich als durchaus zulässig und sogar berechtigt bezeichnet worden – so von Industrieminister Fritz Selbmann (SED) in seiner Ansprache vor dem Haus der Ministerien am 16. Juni, vom stellvertretenden Ministerpräsidenten Otto Nuschke (CDU) in seinem RIAS-Interview am 17. Juni, von Ministerpräsident Otto Grotewohl nach dem 17. Juni in mehreren Reden vor Betriebsbelegschaften, zuletzt von Justizminister Max Fechner (SED) in dem Interview, das am 30. Juni im *Neuen Deutschland* erschien, nachdem es der Pressestelle beim Ministerpräsidenten vorgelegt hatte. Alle diese Äußerungen lassen deutlich erkennen, daß man sich der Tatsache bewußt war, es mit einer Demonstration der Bauarbeiter (und nicht mit westlichen Provokateuren) zu tun gehabt zu haben.

Schwieriger ist die Frage zu beantworten, inwieweit die Bauarbeiter selbst die Demonstration vorbereitet haben. Fest steht, daß es seit Anfang Juni auf verschiedenen Baustellen zu Unruhen kam, die jedoch stets von FDGB- und SED-Funktionären durch Diskussionen im kleinen Kreise wieder beigelegt werden konnten. Fest steht auch, daß auf einer – viele Wochen vorher geplanten – Dampferfahrt des VEB Industriebau, an der auch Arbeiter vom VEB Wohnungsbau teilnahmen, über die Normenfrage diskutiert und die Möglichkeit einer Arbeitsniederlegung erörtert worden ist. Das war am 13. Juni. Strittig ist, ob es auf dieser Dampferfahrt darüber hinaus zu einer Absprache unter den Arbeitern kam, daß man am 15. Juni, einem Montag, gemeinsam auf allen Arbeitsstellen die Arbeit niederlegen wolle. Aus westlichen Quellen läßt sich dazu nichts entnehmen, auch aus den Berichten der Augenzeugen geht nichts dergleichen hervor.

Das Ostberliner Stadtgericht, vor dem im Mai 1954 der Prozeß gegen einige Bauarbeiter der Stalin-Allee geführt wurde, versuchte jedoch in seiner Urteilsbegründung den Nachweis zu führen, daß auf der Dampferfahrt eine Arbeitsniederlegung für den 15. Juni beschlossen worden sei.[19] Dieser Nachweis ist ihm nicht gelungen. Selbst wenn alle vom Gericht festgestellten Vorkommnisse der Wahrheit entsprechen, ergibt sich aus ihnen lediglich, daß über eine Arbeitsniederlegung debattiert wurde und einige Arbeiter sie befürworteten, nicht dagegen, daß feste Vereinbarungen zustande kamen. So erklärt es sich auch, daß am 15. Juni morgens – wie aus den Ausführungen des Stadtgerichts hervorgeht – nur auf der Baustelle Friedrichshain einige Arbeiter die Arbeit verweigerten, im übrigen aber alle anderen Baustellen zunächst arbeiteten. Erst auf die

Nachricht hin, daß am Krankenhaus-Neubau Friedrichshain nicht mehr gearbeitet werde, legten auch Arbeiter auf
den Baustellen Volkspolizei-Inspektion Friedrichshain und
Block 40 der Stalin-Allee die Arbeit nieder. Auf beiden Baustellen versammelten sich die Arbeiter und berieten über eine
Resolution zur Normenfrage, die an den Ministerpräsidenten
Otto Grotewohl gerichtet werden sollte.

Auf der Baustelle Block 40 wurden zwei Delegierte gewählt,
die der Regierung die Resolution überbringen sollten, in der
eine Rückgängigmachung der Normenerhöhung erbeten
wurde. Als die Betriebsgewerkschaftsleitung die Delegierten
aufforderte, das Eintreffen eines angekündigten Vertreters
der Gewerkschaftszentrale abzuwarten, der eine Stellungnahme zu den Normen abgeben wolle, glaubten sie, daß dieser
unter Umständen beauftragt sei, die Normensenkung bekanntzugeben. Da sich mit seinem Eintreffen der Zweck der
Resolution erledigen würde, brachen die beiden nicht auf,
sondern warteten ab.

Der Vertreter kam jedoch nicht. Inzwischen war es Feier-
abend geworden, und die Arbeiter des Blocks 40 gingen –
ebenso wie ihre zwei Delegierten – nach Hause. Währenddessen hatten die Bauarbeiter der Baustelle Friedrichshain ihre
Resolution an den Ministerpräsidenten abgeschickt. Am
Abend des 15. Juni erschien in der SED-Bezirksleitung Berlin
die Sekretärin Otto Grotewohls mit einem Brief, der von den
Bauarbeitern des Krankenhaus-Neubaus Friedrichshain ei-
genhändig unterschrieben war. In ihm wurde die sofortige
Rücknahme der Normenerhöhung gefordert. Der »Neue
Kurs« habe nur den Kapitalisten, nicht aber den Arbeitern
etwas gebracht. Am nächsten Tage – Dienstag, den 16. Juni –
werde eine Delegation sich an Ort und Stelle den Bescheid des
Ministerpräsidenten holen; falls die Normenerhöhung bis dahin nicht rückgängig gemacht sei, werde man streiken.

Grotewohl bat die Bezirksleitung, ihm auf Grund ihrer besseren Kenntnis der Lage in Berlin zu raten, was zu tun sei. Bruno Baum ließ ihm sagen, in Berlin sei alles ruhig und auch weiterhin nichts zu befürchten, solange man nicht weich werde und die Partei nicht in Panik verfalle. Wenn die Delegation erst über die roten Teppiche im Amtssitz des Ministerpräsidenten gehe, werde ihr so feierlich zumute werden, daß sie ganz zahm verhandeln werde. Das wisse man doch aus der kapitalistischen Zeit: wie oft habe da ein Minister die Arbeiter mit einigen wohlwollenden Worten abgespeist – und sie seien dann ihr ganzes Leben noch auf diese Begegnung stolz gewesen. Grotewohl solle also nicht die Ruhe verlieren, den Brief nicht beantworten, sondern die Delegation kommen lassen, sie höflich behandeln, doch im entscheidenden Punkt unnachgiebig bleiben und die Dringlichkeit der Normenerhöhung mit der Notwendigkeit strengster Sparsamkeit erläutern. Sichtlich beruhigt verließ die Sekretärin die Bezirksleitung.

Es hatte zwei Gründe, daß sich am nächsten Tage, am 16. Juni vormittags, auf der Baustelle Block 40 der Stalin-Allee ein Demonstrationszug formierte, der die Forderung auf Normenherabsetzung bei der Gewerkschaftszentrale und der Regierung vortragen wollte:

Zum ersten hatte der Aufsatz von Otto Lehmann, der am 16. früh erschien und den Arbeitern von einem Mitglied der Betriebsgewerkschaftsleitung vorgelesen wurde, die schon vorhandene Erregung der Bauarbeiter sehr gesteigert und sie in ihrem Entschluß, etwas gegen die Normen zu unternehmen, entschieden bestärkt. Zum anderen kam man in langen Diskussionen auf der Baustelle zu dem Ergebnis, daß die beiden Delegierten, die am Vortage gewählt worden waren, nicht allein mit der Resolution zu Gewerkschaftsbund und Regierung geschickt werden könnten, da man sie dort möglicherweise verhaften werde. Bis zu der Feststellung, daß dann eben alle gemeinsam gehen müßten, war es von da an nur noch ein Schritt. Ein Arbeiter meinte, daß die Zeit zum Handeln gekommen sei, ein anderer forderte alle diejenigen, die mitmachen wollten, auf, nach rechts aus der Versammlung herauszutreten. Und – wie ein Bauarbeiter später berichtete – »da ging der ganze Haufen nach rechts«. Wenige Minuten später setzten sich 300 Bauarbeiter vom Block 40 in Bewegung. Sie führten ein Transparent mit sich, auf das sie geschrieben hatten: »Wir fordern Herabsetzung der Normen!«

Auch die Bauarbeiter des Krankenhaus-Neubaus in Friedrichshain hatten sich inzwischen entschlossen, gemeinsam mit ihrer Delegation zum Ministerpräsidenten zu gehen, um ihren Forderungen größeren Nachdruck zu verschaffen.

Den Bauarbeitern fehlte von Anfang an eine Führung. Denn auf beiden Baustellen wurden Streikleitungen nicht gewählt. Die weitere Entwicklung sollte zeigen, wie sehr der Verlauf der Demonstration dem Zufall überlassen blieb.

Die Bauarbeiter des Blocks 40 und der Baustelle Friedrichshain marschierten zunächst zu anderen Baustellen auf der Stalin-Allee und in ihrem weiteren Umkreis, um die Kollegen dort für die Demonstration zu gewinnen. Dann setzte sich der Zug, beträchtlich angewachsen, zum FDGB-Bundesvorstand in der Wallstraße in Bewegung. Zweck des Marsches war zu diesem Zeitpunkt ganz eindeutig nur die Beseitigung der Normenerhöhung.

Als man das FDGB-Haus verschlossen fand und niemand sich zeigte, der mit den Arbeitern zu verhandeln bereit war, lenkte sich der (ständig wachsende) Demonstrationszug zum Haus der Ministerien in der Leipziger Straße. Auch nach Verlassen der Stalin-Allee waren es geschlossene Belegschaften anderer Bauvorhaben der Berliner Innenstadt, die den Kern des Zuges bildeten – u. a. die Bauarbeiter der Baustelle Verwaltung Innen- und Außenhandel, der Blockbaustelle Lindenstraße, der

Baustelle Staatsoper. Man schätzt, daß sich etwa zehntausend Demonstranten vor dem Haus der Ministerien versammelten. Auch hier war alles verschlossen, und zunächst zeigte sich niemand, der mit den Arbeitern verhandeln wollte – was die Massen ärgerte und erregte.

Nach einiger Zeit erschien die Staatssekretärin Walther, die man jedoch auf Grund eines Mißverständnisses für die Sekretärin Walter Ulbrichts hielt und deshalb nicht reden ließ, weil man Ulbricht selber hören wollte. Auch der Minister Selbmann (der als einziger der Spitzenfunktionäre der SED im Regierungsgebäude den Mut hatte, zu den Arbeitern hinauszugehen und mit ihnen zu sprechen) wurde beschimpft und niedergeschrien, bevor er zu Worte kommen konnte. »Als nächster bestieg ein Funktionär den Rednertisch«, berichtete später ein Demonstrant, »der sich als Professor Havemann vorstellte.« Robert Havemann begann, wie es heißt, den Demonstranten eine Vorlesung über die wirtschaftlichen Grundlagen und Widersprüche ihrer gegenwärtigen Situation zu halten. »Wir trauten ihm nicht. Der Lärm wurde immer größer. Auch er wurde heruntergepfiffen.«

Daß man so schnell mit einem Minister und einem Professor fertig geworden war, steigerte zweifellos das Gefühl eigener Kraft in der Menge. Man freute sich, schimpfte laut und forderte in Sprechchören das Erscheinen Grotewohls und Ulbrichts.

Während sich so die geordnete Protestversammlung rasch in eine tumultartige Demonstration verwandelte, machte sich andererseits mit der Zeit unter den Demonstranten immer mehr eine Unsicherheit darüber bemerkbar, was eigentlich weiter geschehen solle.

Zwar hatte man da und dort das Gefühl, daß die Regierung den Geschehnissen ratlos gegenüberstehe, daß diese Schwäche ausgenutzt werden müsse, daß es gar nicht mehr um die

Normen allein gehe und man neue, größere, politische Forderungen stellen und durchsetzen könne. Wohl fanden sich mehrere Male Redner, die diese neuen politischen Ziele formulierten, und jedesmal waren Jubel und Beifall groß. Aber es fand sich keiner, der die Führung der Ereignisse in die Hand nahm, und so versandete allmählich der Elan, erstarb der Schwung der Demonstration.

Als beispielsweise Selbmann bei einem zweiten Redeversuch gegen 14 Uhr bekanntgeben konnte, daß der Ministerrat die administrative Normenerhöhung zurückgenommen habe, weil sie ein Fehler gewesen sei, wurde er von einem Bauarbeiter beiseite geschoben mit den Worten, daß es gar nicht mehr um die Normen gehe. Die Regierung müsse aus ihren Fehlern die Konsequenzen ziehen und zurücktreten.

Aber es ist bezeichnend für die Situation, für die Unsicherheit und Führungslosigkeit der Demonstranten, daß daraufhin nichts weiter geschah. Nachdem die begeisterte Zustimmung der anderen verebbt war, fand sich kein neuer Redner; von neuem breitete sich die Unsicherheit aus.

Einige Zeit später stieg wieder ein Arbeiter auf den Tisch und forderte den Generalstreik für den Fall, daß die Regierung nicht zurücktrete. Man wolle nicht länger warten, sagte er weiter, und wenn Grotewohl oder Ulbricht nicht innerhalb einer halben Stunde erschienen, solle man abmarschieren und den Generalstreik ausrufen.

Er erhielt großen Beifall. Aber dann kam wieder die Unsicherheit, und schon nach fünf Minuten begann der Abmarsch zurück zu den Arbeitsplätzen, zur Stalin-Allee.

Die Streikenden trafen auf Lautsprecherwagen, die überall in der Stadt die beschlossene Normenherabsetzung bekanntgeben sollten. Manche der Ausrufer bedienten sich dabei der verklausuliert-mißverständlichen Formulierungen, in die das Politbüro mittags seinen Beschluß gekleidet hatte. In diesem

Beschluß hieß es, daß »die Verbesserung der Lebensbedingungen der Arbeiter sowie der gesamten Bevölkerung einzig und allein auf der Grundlage der Erhöhung der Arbeitsproduktivität und der Steigerung der Produktion möglich« sei. Die Arbeitsnormen dürften und könnten aber nicht administrativ, »sondern einzig und allein auf der Grundlage der Überzeugung und der Freiwilligkeit« erhöht werden. Es werde daher vorgeschlagen, »die von den einzelnen Ministerien angeordnete obligatorische Erhöhung der Arbeitsnormen als unrichtig aufzuheben. Der Beschluß der Regierung vom 28. Mai 1953 (sei) gemeinsam mit den Gewerkschaften zu überprüfen.« Sollte die Normenerhöhung nun aufgehoben oder nur überprüft und, wenn diese Prüfung ihre Berechtigung zeigen sollte, vielleicht doch beibehalten werden? Und warum war von einem Vorschlag die Rede? Hatte Selbmann nicht bereits die beschlossene Aufhebung verkündet? Unter den Demonstranten, die den Wagen begegneten, kam die Meinung auf, daß man belogen werde. Entweder war die Normenerhöhung schon zurückgenommen, dann war eine Überprüfung nicht mehr nötig, oder sie war es nicht, dann hatte Selbmann im Namen des Ministerrats die Unwahrheit gesagt.

Tatsächlich war der Ministerrat wohl noch nicht zusammengetreten, als Selbmann den Arbeitern mitteilte, daß die Regierung ihren Beschluß vom 28. Mai aufgehoben habe. Denn die wichtigsten Regierungsmitglieder saßen schon seit dem frühen Morgen, wie jeden Dienstag, im Politbüro; die Sitzung war erst am Nachmittag zu Ende. Aber wenn man genau hinhörte, ließ der unklare Text des Politbüro-Beschlusses erkennen, daß die Partei an der administrativen Normenerhöhung nicht festhalten wollte. Natürlich konnte das Politbüro als Parteiorgan den Ministerratsbeschluß vom 28. Mai nicht selbst aufheben, es konnte nur dem formal zuständigen Staatsorgan die Aufhebung vorschlagen. Da indessen selbstverständlich war, daß der

Ministerrat diesem »Vorschlag« so bald wie möglich zustimmen würde, hatte sich Selbmann auf Grund des ihm telefonisch mitgeteilten Politbüro-Beschlusses sicherlich für berechtigt gehalten, den Arbeitern die Normenherabsetzung als eine Tatsache, als einen bereits gefaßten Regierungsbeschluß mitzuteilen, um der Demonstration den Boden zu entziehen. Das gelang ihm.

Er konnte nicht ahnen, daß die Arbeiter verwirrt wurden, als sie die Parolen des Politbüros aus den Lautsprecherwagen hörten. Aber durfte man erwarten, daß die Demonstranten diesen zweideutigen Text richtig verstehen würden? Es kam zum Handgemenge. Ein Lautsprecherwagen wurde erobert und von Demonstranten besetzt, die nun *ihre* Meinung äußern wollten. Mehrmals wurden die Sprecher gewechselt, bis man endlich einen fand, der seine Sache gut machte.

Es wurde entscheidend für die ganze weitere Entwicklung, daß dieser Sprecher den spontanen Einfall hatte, durch den Lautsprecher den Generalstreik auszurufen: alle Arbeiter Berlins, sagte er wieder und wieder, sollten sich am Morgen des 17. Juni auf dem Strausberger Platz versammeln.

Zwar hatte schon auf dem Platz vor den Ministerien ein Arbeiter den Generalstreik gefordert, und die Generalstreik-Parole war auf dem Rückmarsch zur Stalin-Allee von Sprechchören der Demonstranten ausgegeben worden. Zwar war in der Sendung des RIAS um 16.30 Uhr einmal beiläufig erwähnt worden, daß einzelne Demonstranten vor dem Haus der Ministerien zum Generalstreik aufgerufen hätten – ein Hinweis, der in den späteren Sendungen am Nachmittag und Abend des 16. Juni auf Weisung der zuständigen amerikanischen Behörden ebensowenig enthalten sein durfte wie alle Aufforderungen zu Streiks und Demonstrationen.

Aber erst durch den Lautsprecherwagen erfuhren viele Tausende in Ostberlin, daß eine Fortsetzung des Streiks und De-

65

monstrationen geplant wurden; sie eilten zu Kollegen, zu Freunden, um zu beratschlagen, was am nächsten Tag geschehen solle, wie man die Belegschaften der Betriebe während der Nacht benachrichtigen könne. Erst durch den Lautsprecherwagen erreichte die Aufforderung zum Generalstreik so viele Menschen, daß sie sich von da an im Laufe der Nacht wie ein Lauffeuer durch Ostberlin verbreiten konnte.

Gegen 17 Uhr kamen die demonstrierenden Bauarbeiter wieder an der Stalin-Allee an. Der große Demonstrationszug löste sich auf, der Lautsprecherwagen wurde zurückgegeben, und die Arbeiter gingen nach Hause.

Der 17. Juni

Die Ereignisse des 16. Juni blieben auf Ostberlin und weitgehend auf die Bauarbeiter beschränkt. Am 17. Juni kam es zu Streiks und Demonstrationen an mehr als zweihundertfünfzig Orten der DDR. Von einzelnen Ortschaften sind überhaupt keine, von anderen mehrere widersprechende Augenzeugenberichte in den Westen gelangt. Selbst wo es – wie zum Beispiel über die Ereignisse des 17. Juni in Ostberlin – zahlreiche Aussagen von Augenzeugen gibt, sind nur verhältnismäßig wenige Vorgänge zuverlässig zu ermitteln, was mit der Größe Berlins und der großen Ausbreitung der Streikbewegung zusammenhängt. Eine Darstellung, die die zahllosen verschiedenartigen Vorfälle in Berlin und der DDR wahrheitsgetreu in allen wesentlichen Einzelheiten wiederzugeben sucht, muß an dem Mangel an Unterlagen scheitern. Immerhin lassen sich aber aus dem vorhandenen Material so viele wichtige Beobachtungen und Feststellungen entnehmen, daß der Versuch gerechtfertigt ist, die typischen Züge der Erhebung nachzuzeichnen. Trotz einiger lokaler Verschiedenheiten findet man am 17. Juni allenthalben gleichlaufende Tendenzen, die es ermöglichen, von einem typischen Ablauf, einer typischen Entwicklung der Aufstandsbewegung zu sprechen.

Überblick über den Aufstand

Der Umfang des Aufstandes

Über den Umfang der Streikbewegung am 17. Juni besteht zwischen östlichen und westlichen Quellen im großen und ganzen Übereinstimmung: Grotewohl sprach im Juli 1953 offiziell von 272 Ortschaften, in denen gestreikt worden sei, und von 300 000 Arbeitern, die sich an Streiks beteiligt hätten[20], westliche Angaben verzeichnen 274 Ortschaften und 372 000 am Streik beteiligte Arbeitnehmer.[21] Die Gesamtzahl der Arbeitnehmer (ohne Lehrlinge) betrug damals 5,5 Millionen.[22] Vergleicht man die Zahl der Arbeitnehmer mit der der Demonstranten, dann zeigt sich, wie verhältnismäßig wenige Arbeiter sich am 17. Juni beteiligt haben: Nach Grotewohl sind es 5,5 Prozent, folgt man den westlichen Zahlen, 6,8 Prozent.

Über die Beteiligung anderer Bevölkerungsgruppen an den Demonstrationen gibt es weder östliche noch westliche Zahlenangaben. Die Schätzungen über den Zustrom der Gesamtbevölkerung zu Massendemonstrationen und Großkundgebungen am 17. Juni gehen weit auseinander: Beispielsweise haben Augenzeugen der Kundgebung auf dem Hallmarkt in Halle (Saale) die Zahl der Teilnehmer mit 60 000, 70 000, 80 000 und sogar 90 000 angegeben. Alle diese Schätzungen lassen sich natürlich nicht mehr nachprüfen.

Aber kommt es auf diese Zahlen an? Die Beteiligung an den Großkundgebungen in einigen Städten kann leicht darüber hinwegtäuschen, daß der 17. Juni kein Aufstand des gesamten Volkes war. Augenzeugenberichte zeigen deutlich: In seinen wesentlichen Abschnitten hat allein die Industriearbeiterschaft den Aufstand getragen. Die Arbeiter – verstärkt durch eine große Anzahl Jugendlicher – haben den entscheidenden Anteil an Zustandekommen und Verlauf der Volkserhebung gehabt. Dagegen ist es unter den Bauern nur vereinzelt zu Unruhen gekommen. Die Mittelschichten, Bürgertum und Intelligenz, haben sich fast völlig aus den Ereignissen herausgehalten. Nur in Ausnahmefällen (wie in Görlitz) haben sich Intellektuelle am 17. Juni beteiligt. Weshalb aber sind gerade die Arbeiter aufgestanden und nicht die viel härter bedrängten Bürger und Bauern?

Ungefähr ein Jahr vor dem Juni-Aufstand hat Professor Hans Köhler, der damals an der Freien Universität in Berlin lehrte, in einer kleinen Abhandlung behauptet, die ungeheure Enttäuschung und Verbitterung der Arbeiter in der Zone habe ihr Gemeinschaftsbewußtsein und ihre Solidarität nicht geschwächt, sondern beträchtlich gestärkt, wie der Kampf gegen die Betriebskollektivverträge zeige. Der Versuch des Regimes, die Bevölkerung einzuschüchtern, bleibe bei den Arbeitern wirkungslos, da sie nichts zu verlieren hätten; der Druck habe sie nicht entmutigt, sondern ihre Entschlossenheit zum Handeln erhöht. Auch unter den Bauern, die – meist konservativ gesinnt – das Regime von vorneherein ablehnten, lebe ein starker Haß gegen den kommunistischen Staat, der sie ihres Besitzes und ihrer Unabhängigkeit zu berauben suche. Aber die ländlichen Verhältnisse, die bessere Überschaubarkeit und genauere Überwachung des einzelnen im Dorfe brächten es mit sich, daß man längst äußerlich habe nachgeben müssen. Die Verhältnisse lagen nach Meinung Köhlers in den

Mittelschichten und der alten Intelligenz völlig anders. Durch die Flucht vieler Mitbürger aus ihren Reihen in ihrer Zahl beträchtlich vermindert, durch politische und wirtschaftliche Maßnahmen in ihrer Existenz eingeengt, durch Druck und Drohungen verängstigt, seien diese Gruppen atomisiert, resigniert und weitgehend bereit, aus einem falschen und im Grunde sinnlosen Sicherheitsstreben heraus mit dem Regime zu paktieren, um den Rest ihrer Existenzgrundlage zu erhalten. Köhler schrieb: »Der Arbeiter ist bereit zu handeln, der Mittelstand ist es nicht, sondern erhofft Hilfe von außen.«[23] Köhler hat meines Erachtens die Einstellung der Arbeiterschaft in den Jahren 1952/53 völlig richtig beschrieben. Er hat lange vor dem 17. Juni verständlich gemacht, weshalb die Bauern, auch wo sie rechtzeitig von den Ereignissen unterrichtet waren, es schwer hatten, zum solidarischen Vorgehen zusammenzukommen – ganz abgesehen davon, daß man im Dorfe nicht streiken, nicht demonstrieren kann, der Widerstand also niemals so sichtbar wie in der Stadt in Erscheinung treten konnte. Vor allem ist Köhlers Beurteilung des Mittelstandes durch den Verlauf des 17. Juni völlig bestätigt worden. Die Zurückhaltung der Mittelschichten am 17. Juni läßt sich nicht allein damit erklären, daß die Normenfrage, der ursprüngliche Grund der Demonstrationen, in erster Linie die Arbeiter anging, so daß das Bürgertum mit dem Aufstand »nichts zu tun hatte«. Es stimmt auch nicht, daß die Mittelschichten von den Streiks erst nach dem Eingreifen der sowjetischen Truppen erfahren haben – aus den Berichten ergibt sich vielmehr, daß die Nachricht von den Vorgängen allenthalben mit einer kaum vorstellbaren Schnelligkeit verbreitet wurde.

Das zögernde Abwarten der Mittelschichten am 17. Juni entspricht einer Grundeinstellung, die Köhler andeutet: Auch in den Jahren vor 1953 hatte sich das Bürgertum in seiner Breite aus den politischen Auseinandersetzungen herausgehalten.

War sein Weitblick größer als der anderer Bevölkerungsgruppen, sah es die kommunistische Entwicklung deutlicher – oder fürchtete man einfach persönliche Risiken? Wahrscheinlich beides, und beides hängt miteinander zusammen. Jedenfalls war das Bürgertum der DDR viel zu geschwächt und politisch müde, um sich eigenmächtig zu engagieren. Es war selbst davon überzeugt, daß ihm in der DDR der Wind der Geschichte ins Gesicht blase, daß man sich ducken müsse, um vielleicht einzeln durchzukommen. So scheute man sich, etwas aufs Spiel zu setzen. Man wartete ab, erwartete nicht vom eigenen Handeln, sondern von oben und vor allem von außen, vom Westen, Veränderung und Hilfe.

Die Zentren der Erhebung

Neben Berlin und seiner Umgebung waren vor allem das mitteldeutsche Industriegebiet (mit den Städten Bitterfeld, Halle, Leipzig und Merseburg) und der Magdeburger Raum, Zentren der Demonstrationen, in geringerem Maße auch die Gebiete Jena/Gera, Brandenburg und Görlitz. In Ostberlin und seiner unmittelbaren Umgebung haben 61 000 Arbeiter gestreikt, im mitteldeutschen Industriegebiet 121 000, in Magdeburg 38 000; in Jena waren es 24 000, in Brandenburg 13 000 und in Görlitz 10 000 Arbeiter. In allen diesen Gebieten und Städten ging der Streik von Großbetrieben aus; offensichtlich war die Aufstandsbewegung hier zunächst deshalb so erfolgreich, weil sie von den Massenbelegschaften bedeutender Industriewerke getragen wurde. So diszipliniert und geschlossen aufmarschierende Belegschaften wie die von den Großbetrieben Leuna (28 000 Mann), Buna (18 000 Mann), Farbenfabrik Wolfen (12 000 Mann) oder Hennigsdorf (12 000 Mann) waren eine Macht, der die örtlichen Dienststellen der Partei und des

Staates nichts entgegenzustellen hatten. Andererseits sind in Orten, die über keine oder nur kleine Industriewerke verfügen oder in denen größere Werke nicht mitstreikten (wie zum Beispiel in Dresden), die Demonstrationen oft schon im Entstehen unterdrückt oder von geschickt argumentierenden SED-Funktionären auseinanderdiskutiert worden.

Kontakte zwischen den einzelnen Streikzentren haben fast nirgendwo bestanden, lediglich im Gebiet Halle/Merseburg/Bitterfeld gab es Ansätze zu einer Koordinierung der Aktionen in größerem Rahmen. In Halle wurde versucht, Flugblätter zu drucken, die Proklamation des Generalstreiks für die gesamte DDR wurde erwogen, telefonische Verbindung mit den Nachbarstädten wurde aufgenommen. Aber die zur Verfügung stehende Zeit war zu kurz, als daß diese Pläne und Versuche wirklich das Geschehen hätten beeinflussen können.

Streikbeteiligte Industriezweige

Es ist auffällig, daß unter den streikenden Betrieben die des Bauwesens, des Bergbaus, der chemischen und eisenschaffenden Grundindustrien und des Maschinenbaus besonders aktiv waren. Nochmals zu den Bauarbeitern: Sie gehörten zu einem beträchtlichen Teil den Bau-Unionen an, die an besonders wichtigen Vorhaben des planwirtschaftlichen Aufbaus beschäftigt wurden. Eine Reihe dieser Baustellen lag auf dem platten Lande, in bisher nicht besiedelten Landesteilen. Denn das Regime hatte zu Anfang der fünfziger Jahre begonnen, dort industrielle Anlagen und Wohnsiedlungen errichten zu lassen, die als Modelle künftiger sozialistischer Lebensform gedacht waren. Die Bauarbeiter kamen als Pioniere in die öden Landstriche und waren höchst primitiv in Baracken untergebracht. Es gab dort keine Möglichkeiten der Zerstreuung (wie Kinos und Tanz), kaum Frauen, oft, wenn die Versorgung der abgelegenen Bauvorhaben stockte, nicht einmal zureichende Verpflegung. Es leuchtet ein, daß unter diesen Arbeitsbedingungen, in diesem Milieu, in dem Unzufriedenheit und Verbitterung weit gediehen waren, die geforderte Normenerhöhung rascher als anderswo zu Arbeitsniederlegungen führte.

Ein Teil der Bauarbeiter, der in den Städten beschäftigt war, legte aus einem anderen Grunde die Arbeit nieder: Als man aus Berlin erfuhr, daß dort die Bauarbeiter streikten, wollten in vielen Orten der DDR die Bauarbeiter ihrer Verbundenheit mit den Kollegen in Berlin Ausdruck verleihen und traten in den Streik. Das einigende Band der Solidarität, das innerhalb der Betriebe beim Entschluß zum Streik, beim Aufbruch der Demonstranten eine so entscheidende Rolle spielte, wurde hier auf der überbetrieblichen Ebene sichtbar und führte zu einem solidarischen Zusammenhalt innerhalb dieses ganzen Berufszweiges.

Zudem bekundeten auch Belegschaften anderer Betriebe ihre Solidarität mit den Bauarbeitern in Berlin. Damit zeigte sich ein Phänomen, das für das Verständnis der Geschehnisse von größter Wichtigkeit ist: Obwohl in der DDR die Gewerkschaften als Bindemittel aller Arbeiter, als Motor und Lenkung gemeinsamer Aktion beseitigt worden waren, hatte sich das Zusammengehörigkeitsgefühl, das Solidaritätsbewußtsein der Arbeiter offensichtlich vielerorts unvermindert erhalten.

Betrachtet man die Streikbewegung im Bergbau, so ist auffällig, daß es im Erzbergbau und im Kalibergbau zu umfangreichen Arbeitsniederlegungen kam, während im Steinkohlen- und vor allem im Uranbergbau so gut wie gar nicht gestreikt worden ist. Man kann das gewiß teilweise darauf zurückführen, daß zum Beispiel im (seit 600 Jahren betriebenen) Kupferbergbau in Mansfeld, einem Streikzentrum, Tradition, Vertrauen und Zusammenhalt der Belegschaften einen solidarischen Widerstand gegen das Regime ermöglicht haben, während im (erst nach dem Kriege auf sowjetische Anweisung begonnenen) Uranbergbau, der mit bunt zusammengewürfelten Arbeitskräften aus allen Teilen der DDR besetzt ist, sich eine betriebliche Gemeinsamkeit nicht hatte entwickeln können. Zudem waren die Uranarbeiter in der Entlohnung und Versorgung gegenüber anderen Berufsgruppen so sehr bevorzugt, daß der unmittelbare Anlaß zum Streik hier fehlte. Ähnliches gilt auch für die seit dem Kriege beträchtlich erweiterten und geförderten sächsischen Kohlengruben.

Wenn die vom Regime besonders geförderten Zweige des Bergbaus, in denen kein althergebrachtes Zusammengehörigkeitsgefühl der Belegschaften bestand, sich am 17. Juni nicht erhoben haben, so könnte man daraus folgern, daß offenbar beim Zusammentreffen von starker materieller Förderung und persönlicher Isolierung der einzelnen Arbeiter kein Widerstand gegen das Regime heranwächst. Für diese Vermutung gäbe es außerdem ein markantes Beispiel aus der Eisenindustrie: auch im Eisenhüttenkombinat Ost – einer sehr privilegierten Nachkriegsanlage, die man insofern mit dem Steinkohlen- und Uranbergbau vergleichen kann – kam es am 17. Juni nicht zu Arbeitsniederlegungen.

Andererseits steht jedoch fest, daß Aufsässigkeit und Widerstand im Urangebiet bis weit in die fünfziger Jahre hinein nicht unterdrückt werden konnten; an keiner anderen Stelle der DDR wurden so oft Polizeiposten angegriffen und SED-Funktionäre verprügelt. Die Motive dieser Aufsässigkeit waren fast nie politischer Natur. Verhältnismäßig selten protestierte man gegen wirtschaftliche Notstände. Viel eher wird man der Situation damals gerecht, wenn man sie mit den Zeiten des goldrush im amerikanischen Westen vergleicht: rasch verdientes, rasch verlorenes Geld, »freie Sitten«, Saufereien, die oft in

Prügeleien, wenn nicht in blutigen Auseinandersetzungen endeten. Jedenfalls waren nirgendwo sonst in der DDR vor dem 17. Juni so viele Arbeitsniederlegungen vorgekommen wie hier, und man hätte erwarten können, daß der Aufstand gerade hier mit besonderer Wucht ausbrechen würde.

Wenn das nicht geschah, so lag es sicherlich zum Teil daran, daß westliche Rundfunkstationen (jedenfalls damals) im Erzgebirge, dem Urangebiet, fast gar nicht empfangen werden konnten. Die Nachrichten vom Geschehen in Berlin drangen in einige Orte erst nach Tagen vor; inzwischen hatten die Kommunisten Abwehrmaßnahmen vorbereiten können.

Der entscheidende Grund für die geringe Streiktätigkeit im sächsischen Kohlen- und Uranbergbau war aber das rasche und energische Eingreifen der Russen, das hier – wie übrigens auch in den Ostsee-Häfen – die aufkommenden Unruhen unterdrückte. Anscheinend haben die Russen die für sie wichtigsten Objekte (Uranförderung in Südsachsen, Festungs- und Schiffsbau an der Ostsee) auch in der Manöverzeit im Juni ständig militärisch gesichert, so daß sie nicht, wie anderswo, mehrere Stunden brauchten, um die Truppen zu den Einsatzorten zu transportieren.

Neben den Bauarbeitern und einem Teil der Bergarbeiter haben sich gerade die Arbeiter der besonders geförderten Grund- und Schwerindustrie in starkem Umfang am Streik beteiligt. Beispielsweise ist es in neun von den insgesamt zehn eisen- und stahlerzeugenden Großbetrieben der DDR zu Streiks und Aufständen gekommen. Es überrascht zunächst, daß gerade die Arbeiter dieser lohnprivilegierten Industrien und nicht die Arbeitnehmer benachteiligter Wirtschaftszweige – wie die des staatlichen Handels, des Gaststättengewerbes, auch der Nahrungs- und Textilindustrie – in den Streik traten. Das hat indessen einleuchtende Gründe: Einmal waren gerade die Großbetriebe der Grund- und Schwerindustrie in den vor-

75

ausgegangenen Monaten der Propaganda zu freiwilligen Normenerhöhungen besonders ausgesetzt gewesen. Die staatliche Wirtschaftsführung hatte versucht, in diesen Industriezweigen ein dem erhöhten Lohnniveau entsprechendes hohes Arbeitsleistungsniveau durchzusetzen. So wurden beispielsweise im *Neuen Weg*, der Zeitschrift für die praktische Parteiarbeit, zwischen Januar 1952 und Juni 1953 23 Artikel veröffentlicht, die sich mit der Arbeitsproduktivität in den zehn eisen- und stahlerzeugenden Werken der Zone beschäftigten. Weitere 26 Artikel behandelten die Steigerung der Arbeitsproduktivität in bestimmten Werken der chemischen Grundstoffindustrie, bei Kohle und Energie, 36 Artikel die Steigerung der Arbeitsproduktivität in Werken des Schwermaschinenbaus. Demgegenüber war nur je ein Artikel einem Konfektionsbetrieb und einer Verkaufsstelle der staatlichen HO gewidmet.

Der Druck auf die Arbeiter, die Normen zu erhöhen, während sich die Lebensverhältnisse ständig verschlechterten, war jedoch nur eine Ursache der Streiks und Demonstrationen. Hinzu kommt ein wichtiger psychologischer Grund; er liegt im Selbstbewußtsein der Arbeiter.

Die Arbeiter in den Grund- und Investgüterindustrien wußten, ebenso wie die Bauarbeiter der Stalin-Allee, daß das Regime sie zur Erfüllung seiner Pläne dringend brauchte. In der staatlichen Verwaltung, im Handel, in der Konsumgüterindustrie konnte man die Beschäftigten weitgehend durch andere ersetzen, und wenn Quantität und Qualität der Verbrauchsgütererzeugung in der DDR in keinem Verhältnis zu den Bedürfnissen der Bevölkerung standen, wenn die Leistungsfähigkeit der Handelsorgane ständig sank, so war das dem Regime im großen und ganzen gleichgültig. Aber in den Grundindustrien und im Schwermaschinenbau hatte man große Pläne, die sich ohne die Facharbeiterschaft nicht verwirklichen ließen. Deshalb waren die Lohnprivilegien eingeführt worden, deshalb hatte man Betriebsverkaufsstellen eingerichtet, als im Frühjahr 1953 die Lebensmittel knapp wurden. Deshalb mußte man es hinnehmen, daß der Anteil der Industriearbeiter an der SED-Parteimitgliedschaft weit hinter den Erwartungen zurückblieb. Und sicherlich war es den Arbeitern dieser Industriezweige am 17. Juni bewußt, daß das Regime auf ihre loyale Mitarbeit angewiesen war, daß sie einfach nicht entbehrlich waren und die Kommunisten am allerwenigsten daran denken konnten, die demonstrierenden Belegschaften gerade dieser Betriebe zusammenschießen zu lassen, wenn nicht das ganze Plangefüge zusammenbrechen sollte.

Darüber hinaus wußten die Arbeiter natürlich, daß das Regime nicht nur durch seine Planwünsche, sondern mindestens ebenso – wenn nicht überhaupt in erster Linie – aus ideologischen Gründen an der Gewaltanwendung gehindert war. Denn der schwerindustrielle Aufbau diente als sozialistische Industrialisierung ja seinerseits ideologischen Zielen, der Schaffung sozialistischer Verhältnisse in der DDR. Mochte daher für die Kommunisten der Widerstand der Handwerker oder kleinen Geschäftsleute eine Bestätigung ihrer These sein, daß sich bei der Errichtung des Sozialismus ein erbitterter Klassenkampf abspiele – ein offener Widerstand der Arbeiter, vor allem in den neuen, grundlegenden Wirtschaftszweigen, mußte die Staatsauffassung widerlegen, nach der die Arbeiterklasse (im Bündnis mit den werktätigen Bauern) als herrschende Klasse nicht nur eine maßgebende, sondern die schlechthin entscheidende Rolle im Staate zu spielen hatte. Wollte nicht die DDR ein Staat der Arbeiter sein und die DDR-Regierung als Interessenvertretung der Arbeiter gelten?

Ein einziges Großwerk der Schwerindustrie streikte nicht: das Eisenhüttenkombinat Ost in Stalinstadt (jetzt Eisenhüttenstadt) bei Frankfurt (Oder). Hier, am Treffpunkt der von Osten die Oder herabkommenden Steinkohle und des aus Schweden die Oder hinauftransportierten Eisenerzes, war seit einigen Jahren das damals größte industrielle Projekt der DDR im Entstehen.

Das Regime verfolgte mit ihm neben wirtschaftlichen auch politische Absichten. Stalinstadt, das man damals »die erste sozialistische Stadt Deutschlands« nannte, war der erste Versuch auf deutschem Boden, die planmäßige Umgestaltung der Gesellschaft in Angriff zu nehmen; Stalinstadt war dazu ausersehen, eine »Sozialfestung« (Stammer) zu werden, ein Modell des sozialistisch Neuen, das systematisch in die alte Gesellschaftsstruktur einbrechen und sie von Grund auf verwandeln sollte.

Stalinstadt zahlte damals die höchsten Löhne in der DDR. Der Zustrom von Arbeitskräften war groß. Vor allem kamen Jugendliche, die das Geld und das Neue lockte, und Flüchtlinge aus den früheren deutschen Ostgebieten. Der Anteil der Flüchtlinge an der Gesamtzahl der Arbeiter Stalinstadts wurde 1954 auf nahezu 50 Prozent geschätzt.[24] In den Orten der DDR, in denen die Flüchtlinge bis dahin gelebt hatten, waren sie meist gegenüber den Einheimischen benachteiligt gewesen und in schlechter bezahlte Stellungen gedrängt worden. So waren sie bereit, sich zu Versuchsobjekten des sozialistischen Experiments machen zu lassen, während die Einheimischen das Leben im vertrauten bisherigen Umkreis den höheren Löhnen Stalinstadts vorzogen.

Diese Umstände erklären, daß den Arbeitern in Stalinstadt wegen ihrer beträchtlichen Besserstellung der akute Anlaß zum sozialen Protest fehlte, sie machen verständlich, daß ihnen die Vertrautheit miteinander, die Verbundenheit untereinander fehlte, wie man sie in den Belegschaften alter Unternehmen findet. Denn sie waren alle erst kurz zuvor nach Stalinstadt gekommen, und die starke politische Kontrolle erschwerte vertrauensvolle menschliche Bindungen unter den Kollegen. Jedenfalls fehlte am 17. Juni unter den Arbeitern in Stalinstadt ein Gemeinschaftsbewußtsein; ebensowenig fühlte man sich mit den Arbeitern an anderen Orten der DDR solidarisch verbunden. In Stalinstadt gab es daher – von den dort stationierten Bauarbeitern abgesehen – am 17. Juni weder Streik noch Demonstrationen.

Als alles vorüber war, konnte das Regime sich sagen, daß jedenfalls das sozialistische Experiment Stalinstadt an diesem Tage seine Bewährungsprobe bestanden habe. Während in einem großen Teil alter Industriezentren (trotz der auch dort beträchtlichen materiellen Besserstellung) die Betriebsbelegschaften der Grund- und Schwerindustrien sich gegen das Regime zur Wehr gesetzt hatten, waren in den neuen Zentren die Menschen anscheinend so sehr voneinander isoliert, daß es nicht zu solidarischem Widerstand gekommen war. Es blieb freilich abzuwarten, ob nicht auch in diesen neugeschaffenen Großbetrieben mit den Jahren eine Solidarität der Arbeiter heranwachsen würde, die angesichts der Größe dieser Werke höchst gefährlich für die SED wäre, falls sie sich gegen die Partei wenden sollte.

Die Bedeutung der Tradition

Die im Kampf um bessere Lebensbedingungen, vor allem beim Widerstand gegen die Betriebskollektivverträge erprobte und bewährte Solidarität der Belegschaften ist die entscheidende Ursache des zunächst so erfolgreichen Verlaufs der Juni-Ereignisse gewesen; ihr gegenüber sind andere, frühere Bindungen anscheinend zurückgetreten.

Inwieweit in die neue Solidarität der Nachkriegszeit Elemente

79

alter Gewerkschaftstradition und politischer Organisation ein-
gegangen sind, ist schwer zu beurteilen. Am stärksten waren
die Erhebungen in den Zentren der alten Arbeiterbewegung,
in den Räumen Magdeburg, Leipzig und Halle. Wenn die jün-
gere Generation, die die alte Arbeiterbewegung nicht mehr
aus eigener Anschauung kennt, das Gros der Steikleitungen
gestellt und überhaupt im wesentlichen den Aufstand getragen
hat, so schließt diese Tatsache nicht aus, daß ihnen Eltern und
Kollegen die Traditionen und Überzeugungen der Arbeiterbewegung vermittelt hatten. Aus den Berichten, die mir zugäng-
lich waren, habe ich jedoch nicht entnehmen können, daß
»Kernschichten der alten gewerkschaftlichen und politischen
Arbeiterbewegung« die Ereignisse des 17. Juni irgendwie
nachweisbar beeinflußt hätten, wie Willy Brandt in einer Broschüre behauptet[25] – das mag möglich sein, läßt sich aber jedenfalls nicht nachweisen.

Mit Bestimmtheit kann man dagegen behaupten, daß der Aufstand in ehemals kommunistischen Gebieten nicht weniger
heftig gewesen ist als in früher zur Sozialdemokratie neigen-
den Gebieten. Es scheint, als ob die Ablehnung der neuen
Machthaber alle alten Gegensätze überbrückt habe. Das hatte
sich schon bei den Wahlen zum Gesamtberliner Stadtparla-
ment 1946 gezeigt, als die Kommunisten, die gegen Ende der
Weimarer Republik in Berlin mehr Stimmen für sich buchen
konnten als die Sozialdemokraten, von der SPD weit überflügelt wurden: die SPD erhielt 48,7 Prozent, die SED 19,8 Prozent der gültigen Stimmen.

Da in der Zone bereits in den ersten Wahlen nach dem Krieg
SPD und KPD nicht mehr getrennt auftraten, konnten dort die
Wähler nicht wie in Berlin von der KPD zur SPD hinüber-
wechseln. Aber es war auffällig, wie gut die bürgerlichen Parteien abschnitten: In keinem der Länder gelang der SED, in
den Landtagen die absolute Mehrheit der Sitze zu erringen. In

Sachsen-Anhalt, einem im nördlichen, dünnbesiedelten Teil überwiegend agrarischen, im dichtbesiedelten Südteil (mit den Städten Magdeburg, Halle, Merseburg, Bitterfeld) stark industrialisierten Lande, erhielt die SED bei den Landtagswahlen 45,8 Prozent, die CDU 21,9, die LDP 29,9 und die VdgB 2,4 Prozent der gültigen Stimmen; dank der bürgerlichen Landtagsmehrheit wurde in Sachsen-Anhalt ein Mitglied der LDP Ministerpräsident. Schon damals wählten offensichtlich viele Arbeiter nicht mehr die Arbeiterpartei, sondern die CDU und die LDP oder gaben ungültige Stimmen ab.

Am 17. Juni jedenfalls haben die stärksten Erhebungen im Gebiet von Halle/Merseburg stattgefunden, einem Gebiet, in dem die KPD in der Weimarer Republik bis zum Aufstieg des Nationalsozialismus die stärkste Partei war. Andere Zentren des Aufstandes, wie Magdeburg oder Leipzig, waren vor 1933 Hochburgen der Sozialdemokratie: Viele Magdeburger erinnerten sich, wenn sie zu Beginn der fünfziger Jahre Ernst Reuter im Radio hörten, ihres alten Oberbürgermeisters. Knapp einen Monat vor dem Aufstand, am 19. Mai 1953, rügte das Zentralkomitee in einem ausführlich begründeten Beschluß die Magdeburger Bezirks- und Kreisleitung der SED, weil sie nicht aktiv die sozialistische Umgestaltung der Stadt betreibe. Und nach dem 17. Juni mußte Otto Grotewohl erklären, »in einigen Städten, zum Beispiel in Magdeburg, Leipzig und anderen«, habe es »illegale Organisationen aus ehemaligen SPD-Mitgliedern« gegeben, »die noch immer den arbeiterfeindlichen Auffassungen des Sozialdemokratismus anhingen« – eine Beobachtung, die sich das Zentralkomitee der Partei zu eigen machte.[26]

Daß im früher kommunistischen Raum Halle (mit Leuna) ebenso wie im sozialdemokratischen Gebiet Magdeburgs selbst die Mitglieder der Staatspartei nur laue Streiter für den Sozialismus der SED waren, zeigen oft Kleinigkeiten – wie eine Aufstellung im *Neuen Weg* vom Dezember 1952, in der die Parteigenossen des Leunawerks und der Städte Halle und Magdeburg als besonders saumselige Abnehmer kommunistischer Zeitschriften angeprangert wurden. Nur 19,5 Prozent der Parteigenossen in Halle (bzw. 18,7 in Magdeburg und 11,8 im Leunawerk) seien regelmäßige Bezieher des *Neuen Weges,* hieß es, und damit stünden diese Orte an letzter Stelle im Kampf um die Verbreitung dieses wichtigen Organs für die Parteiarbeit.[27]

Der typische Verlauf der Erhebungen

Der Auslöser: die westlichen Rundfunkmeldungen

Die Ereignisse in der DDR wurden hauptsächlich ausgelöst durch westliche Rundfunkmeldungen, insbesondere des RIAS, in denen von den Vorgängen in Berlin am 16. Juni berichtet wurde. Daneben sind aber auch Nachrichtenmittel der DDR bei der Verbreitung der Neuigkeiten beteiligt gewesen; aus einer Reihe von Berichten ergibt sich, daß in den Nachmittagsstunden des 16. Juni zum Beispiel die Eisenbahntelefonleitung (BASA), die alle Bahnstationen miteinander verbindet, und das Fernschreibnetz der Organisation »Deutscher Innen- und Außenhandel« (DIA) von Angestellten der betreffenden Behörden dazu benutzt worden sind, um die Kollegen draußen von den Vorgängen in Berlin zu unterrichten.

Der entscheidende Anstoß

Nachdem im Lauf der Nacht vom 16. zum 17. Juni die Berliner Ereignisse in weiten Teilen der DDR bekanntgeworden waren, diskutierten vielerorts die Arbeiter am frühen Morgen des 17. Juni auf dem Wege zur Arbeit und in den Betrieben erregt die Ereignisse des Vortages. In den Umkleideräumen, an den Maschinen bildeten sich spontan gestikulierende Gruppen, die sich häufig zu spontanen Versammlungen der Belegschaften auswuchsen. Überall wurde erörtert, ob man selbst etwas tun könne und solle. Für den weiteren Verlauf wurde es entscheidend wichtig, ob sich einer oder einige entschlossene Männer fanden, die die Kollegen ihres Arbeitsplatzes, ihrer Betriebsabteilung dazu überredeten, die Arbeit niederzulegen. Überall dort, wo sich nach kurzer Diskussion eine Abteilung eines Werks zum Streik entschloß, sprang bald der Funke auf die übrige Belegschaft über, und sobald geschlossene Belegschaften größerer Werke auf der Straße erschienen, schlossen sich die Arbeiter anderer Werke an.

Andererseits gibt es eine Reihe von Beispielen, wo zwar in Betriebsversammlungen und an den Arbeitsplätzen die Möglichkeit eines Streiks erwogen, im übrigen aber nichts unternommen wurde – offensichtlich, weil sich niemand fand, der mit Überzeugungskraft und Energie den Streik gefordert und bei seinen Kollegen durchgesetzt hätte.

Die Wahl der Streikführungen war weitgehend dem Zufall überlassen, zumal in den – für den Erfolg der Erhebungen entscheidenden – Großbetrieben, in denen sich die Arbeitnehmer untereinander nicht kannten. Ein geordnetes Wahlverfahren mit geheimen Abstimmungen hat wohl nirgends stattgefunden. Spontan, durch Zuruf, wurden die Mitglieder der Streikleitungen gewählt. Dabei fiel meist die Wahl auf alle diejenigen, die in der vorangegangenen Diskussion das Wort ergriffen hatten. Wieweit dabei der Zufall eine Rolle spielte, zeigen einige Berichte, nach denen in mehreren Großwerken vor allem die Arbeiter gewählt worden waren, die bei der Betriebsversammlung in der Nähe des Lautsprechers gestanden hatten. Sie waren allenthalben gehört worden, sie konnten anscheinend Forderungen formulieren – damit war ihre Eignung erwiesen, und sie kamen ins Streikkomitee.

Die Zusammensetzung der Streikleitungen

Dreierlei ist hier besonders auffällig:

Einmal waren in den meisten Streikkomitees fast ausschließlich die mittleren Jahrgänge zwischen 25 und 40 Jahren vertreten. Die älteren Jahrgänge hielten sich nahezu überall zurück – ob aus Angst oder aus tieferer Einsicht in die Aussichtslosigkeit des Unternehmens, ist schwer zu entscheiden.

Zum anderen wurden in den weitaus meisten Fällen nur Arbeiter und ein geringer Prozentsatz nicht-privilegierter Angestellter in die Streikführungen gewählt, während die Werksintelligenz teils ihre Mitwirkung versagte, teils aber auch von den Arbeitern als unerwünscht abgelehnt wurde. Die Zurückhaltung der Arbeiter läßt sich damit erklären, daß die traditionelle Intelligenzfeindlichkeit der alten Arbeiterbewegung durch die großen materiellen Privilegien für die technische Intelligenz in der DDR nach dem Kriege (jedenfalls vorübergehend) neuen Auftrieb erhalten hatte. Am 17. Juni sahen die Arbeiter die technische Intelligenz ihrer Betriebe – weithin zu Recht – als Teil einer neuen Oberschicht an, die das Regime durch starke materielle Förderung für sich gewonnen, sich »gekauft« habe. Wenn man das Verhalten der technischen Intelligenz im Juni 1953 beobachtet, drängt sich in der Tat der Eindruck auf, daß sie sich angesichts ihrer Sonderstellung und der damit verbundenen Privilegien gegenüber dem Regime zur Loyalität verpflichtet fühlte; die technische Intelligenz hat sich – wie die Intelligenz, wie die Mittelschichten überhaupt – am 17. Juni nicht erhoben. Es gab Ausnahmen: In den Zeiss-Werken Jena, im Entwicklungs- und Forschungsbetrieb EFEM Berlin-Oberschöneweide oder im VEB Funkwerk Berlin-Köpenick haben große Teile des wissenschaftlichen oder technischen Personals die Forderungen der Arbeiter offen unterstützt oder sich sogar an den Demonstrationen beteiligt. Im allgemeinen ist die technische Intelligenz der großen Werke jedoch still in ihren Räumen geblieben oder nach Hause gegangen, als die Arbeiter unruhig wurden. Andererseits ist sie nirgendwo offen für das Regime eingetreten. Die technische Intelligenz verhielt sich am 17. Juni kühl, aber loyal zur Regierung.

Drittens war in einer ganzen Reihe von Streikführungen der Anteil ehemaliger Berufssoldaten bemerkenswert. Unter ihnen waren nur wenige ehemalige Offiziere, das Gros stellten ehemalige Unteroffiziere. Ihr Anteil ging zwar nirgendwo über acht bis zehn Prozent der Mitglieder eines Streikkomitees hinaus, verdient aber doch Beachtung. Der relativ große Anteil ehemaliger Soldaten war wahrscheinlich auf zwei Umstände zurückzuführen: Unter den ehemaligen Berufssoldaten in der Arbeiterschaft war die Abneigung gegen den Kommunismus und das SED-Regime besonders stark – jedenfalls soweit sie (wie die Mehrheit derer unter ihnen, die nach dem Aufstand im Westen auftauchten) früher politisch rechts gestanden hatten. Die antikommunistische Einstellung der ehemaligen Soldaten erklärte sich einmal aus grundsätzlicher politischer Gegnerschaft, zum anderen daraus, daß das Regime ihren Berufsweg abgeschnitten hatte und ihren Beruf – damals noch – diffamierte.

Die zweite Erklärung liegt in der soldatischen Erziehung, die gelehrt hatte, im kritischen Augenblick, im Notfall, spontan die Führung zu übernehmen und verantwortlich zu handeln. Eine solche Notlage war in der zum Streik entschlossenen, aber von den Gewerkschaften im Stich gelassenen führerlosen Arbeiterschaft am 17. Juni gegeben.

Die Kommunisten haben die Beteiligung ehemaliger Soldaten an der Führung des Aufstandes später zum Beweis für ihre These verwandt, die Ereignisse des 17. Juni seien das Werk von »Militaristen und Faschisten« gewesen. Das ZK der SED hat in seinem Beschluß der 15. Tagung einzelne Fälle festgehalten, in denen angeblich »illegale faschistische Organisationen« und »ehemals aktive Nazisten« eine wichtige Rolle am 17. Juni gespielt haben. Wichtiger scheint mir der Hinweis des ZK auf die großen strukturellen Veränderungen in der Arbeiterschaft der DDR. Einmal sei »ein großer Teil der fortschrittlichsten Arbeiter« in die »Staats- und Wirtschaftsorgane entsandt« worden, zum anderen seien »viele nichtproletarische Elemente aus dem Kleinbürgertum und dem Bürgertum, darunter nicht wenige faschistische Elemente, ehemalige Staatsbeamte und Unternehmer, die nach 1945 ihre privilegierte Stellung verloren haben und von der Wiederherstellung der alten Privilegien träumen, als ›Arbeiter‹ in die Betriebe« gekommen.[28]

Nach 1945 deklassierte Teile des Bürgertums haben in der DDR-Arbeiterschaft ein Unterkommen gefunden, vermutlich ressentimentgeladen. Aus den vorhandenen Berichten über den 17. Juni kann man jedoch nicht entnehmen, daß diese neuen »Elemente« den Streik vorbereitet und ihre Kollegen aufgewiegelt hätten, wie das die Kommunisten behauptet haben. Dazu war, aufs Ganze gesehen, der Anteil der Neulinge zu klein, und zudem ist der Anstoß zu den Streiks und Demonstrationen in der DDR bei aller lokalen Erregtheit ganz eindeutig nicht von den Betrieben selbst, sondern von den Nachrichten aus Berlin ausgegangen.

Die Ziele

Wie stark die Berliner Vorbilder des 16. Juni das Handeln in der DDR am 17. Juni bestimmten, wird besonders an der Tatsache deutlich, daß vielerorts die Parolen der Arbeiter von der Stalin-Allee, die durch die Rundfunkmeldungen bekanntgeworden waren, wörtlich in der Fassung übernommen wurden, in der der RIAS sie verbreitet hatte:

1. Auszahlung der Löhne bei der nächsten Lohnzahlung bereits wieder nach den alten Normen;
2. sofortige Senkung der Lebenshaltungskosten;
3. freie und geheime Wahlen;
4. keine Maßregelung von Streikenden und Streiksprechern.

Nahezu überall wurden die Normenherabsetzung und die Senkung der Lebenshaltungskosten, vor allem der Lebensmittelpreise, wie am Vortage in Berlin als erste, dringlichste Forderungen aufgestellt, während der Rücktritt der Regierung und freie Wahlen nur an dritter oder sogar erst an vierter Stelle verlangt wurden.

Zum Teil hing diese Reihenfolge freilich auch mit der Entwicklung der Ziele zusammen. Immer wieder läßt sich beobachten, daß die Streiks in der DDR (wie am Vortage in Berlin) mit naheliegenden wirtschaftlichen Beschwerden begannen und politische Forderungen erst erhoben wurden, wenn in den örtlichen Demonstrationsbewegungen durch den Zustrom von

Arbeitermassen und Passanten das Gefühl eigener Macht und Stärke sich zu einer gewissen Siegesstimmung steigerte.

Das Hervortreten politischer Forderungen neben den wirtschaftlichen ging Hand in Hand mit einer strukturellen Umbildung der Demonstrationen und einer dadurch bedingten Veränderung ihres Charakters. Es lassen sich überall in der DDR zwei Stadien des Aufstandes unterscheiden.

Im ersten Stadium marschierten die Demonstrationszüge der Betriebsbelegschaften diszipliniert und unter Führung gewählter Streikführungen von den Außenbezirken der Städte, in denen die Industriewerke liegen, ins Stadtinnere. Auf ihrem Wege gingen die Arbeiter nahezu überall gegen die Sichtwerbung der SED vor, indem sie die Bilder der Parteiführer, politische Transparente und Spruchbänder herunterrissen und Propagandakioske zerschlugen oder ansteckten. Im Stadtkern angelangt, wurden das Rathaus und andere Dienststellen besetzt, politische Gefangene zu befreien versucht. Dabei wurde mit bemerkenswerter Disziplin und einer gewissen Planung, die wohl auf die Streikführungen zurückzuführen ist, zu Werke gegangen. Plünderungen und Ausschreitungen sind in diesem ersten Stadium fast nirgendwo vorgekommen, Versuche solcher Art von den Arbeitern verhindert worden.

Im zweiten Stadium, das die Beteiligung der Gesamtbevölkerung, vor allem von Frauen und Jugendlichen, kennzeichnet, nahmen die Demonstrationen den Charakter eines Volksaufstandes an. Zugleich entglitt den Streikkomitees der Arbeiter die Führung oder ging auf zentrale Streikführungen über. Diese zentralen Komitees, in denen sich oft auch Außenseiter, ja offensichtliche Demagogen fanden, hatten weder die Autorität noch die Resonanz der betrieblichen Streikführungen.

War für den ersten Abschnitt das Überwiegen wirtschaftlicher Forderungen charakteristisch gewesen, zusammen allerdings mit der Forderung auf Freigabe politischer Gefangener, vor allem verhafteter Arbeitskollegen, so kennzeichnet den Beginn des zweiten Abschnitts das Aufkommen politischer Parolen, die allmählich zentrale Bedeutung erlangten. Während im ersten Abschnitt das geschlossene Auftreten homogener Betriebsbelegschaften vielerorts die Besetzung der Stadtverwaltung ermöglicht hatte – übrigens meist ohne Gewaltanwendung und stets ohne Waffengewalt (erbeutete Waffen wurden regelmäßig sichergestellt oder sogar unbrauchbar gemacht) –, verlief sich im zweiten Abschnitt die revolutionäre Welle in einer allgemeinen Führungs-, Richtungs- und Ratlosigkeit. Das lag einmal am Fehlen allgemein anerkannter Führungsgremien in diesem Zeitraum, zum anderen am ziellosen Durcheinanderwogen heterogener Demonstrationsmassen. In diesem Stadium – das, wenn auch örtlich verschieden, am 17. Juni ungefähr gegen Mittag einsetzte – kam es zu Plünderungen, auch zu Brandstiftungen und Lynchungen, während die Vorgänge des Vormittags sich gerade durch ihre Geordnetheit und Disziplin ausgezeichnet hatten.

Zwar waren auch schon am Vormittag Staats- und Parteifunktionäre angegriffen und verprügelt worden, aber man hatte zwischen Funktion und Person sorgfältig unterschieden und auch überzeugte Anhänger des Regimes unbehelligt gelassen, wenn sie als persönlich anständig bekannt waren. Später, am Nachmittag, erregten dagegen alle, die – etwa durch Abzeichen am Rockaufschlag – als Anhänger des Regimes kenntlich waren, allein durch diese Tatsache den »Volkszorn« und wurden verprügelt.

Ein anderes Beispiel der rasch zunehmenden Radikalisierung der Aufstandsbewegung ist der Verlauf der Gefangenenbefreiungen. Die am Vormittag vor den Gefängnissen und Zuchthäusern aufmarschierenden Werksbelegschaften hatten zumeist nur die Entlassung bestimmter, ihnen namentlich bekannter Kollegen und Mitbürger gefordert, allenfalls die Entlassung aller politischen Häftlinge verlangt. Soweit man in die Gefängnisse eindringen konnte, wurden die Entlassungen ganz überwiegend im Zusammenwirken und Einverständnis mit dem Gefängnispersonal vorgenommen, nachdem man gemeinsam die vorhandenen Unterlagen, etwa die Gefängnisbücher, durchgesehen hatte.

Am Nachmittag änderte sich das völlig. Unkontrollierbare Demonstrantenmassen drangen in die Gefängnisse ein und öffneten wahllos die Zellen, so daß oft kriminelle Elemente ins Freie gelangten, was von der kommunistischen Propaganda später weidlich ausgeschlachtet wurde.

Die Ausweitung der Demonstrationen zu einer Massenbewegung vollzog sich, bevor die sowjetischen Truppen, unterstützt durch die militärischen Verbände der Kasernierten Volkspolizei, gegen die Demonstranten eingesetzt wurden. Nur in einzelnen Fällen war die allgemeine Radikalisierung der Forderungen am 17. Juni eine Folge des sowjetischen Eingreifens. Im allgemeinen hat gerade umgekehrt die Ausweitung und Politisierung der Demonstrationen offenbar die Sowjets veranlaßt, die zusammengeströmten Menschenmassen durch ihre Truppen auseinanderzutreiben.

Aber man täusche sich nicht: der Aufstand ist nicht durch die sowjetischen Truppen niedergeschlagen worden. Aufs Ganze gesehen war die revolutionäre Welle schon gebrochen, bevor die Russen aufmarschierten. Ihr Eingreifen war kein Wendepunkt, sondern hat nur einen Schlußpunkt gesetzt: die Streik- und Demonstrationsbewegung hatte sich im Laufe des Tages erschöpft, der Elan war versickert, der Aufstand in seinen Anfängen steckengeblieben. Das wurde am Verlauf der Großkundgebungen deutlich, die in allen größeren Städten, in denen seit dem Morgen gestreikt und demonstriert worden war, am Nachmittag unter Beteiligung der Gesamtbevölkerung abgehalten wurden. In diesen Großkundgebungen, an denen (wie etwa in Halle und Bitterfeld) Zehntausende von Menschen teilnahmen, fanden die Demonstrationen ihren Höhepunkt – und ihren Abschluß. Die Bedeutung der Versammlungen erschöpfte sich darin, die weitverbreitete, ja allgemeine Unzufriedenheit der Bevölkerung vor aller Welt sichtbar zu machen. Was die zahlreichen Redner auch im einzelnen sagen mochten: ihren wirtschaftlichen und politischen Forderungen wurde zugejubelt. Aber nach dem Ende der Massenversammlungen machten sich die Betriebsbelegschaften, soweit sie überhaupt noch geschlossen vorhanden waren, auf den Rückmarsch in ihre Betriebe. Auch die übrigen Teilnehmer (Jugendliche, Frauen, Passanten) zerstreuten sich und gingen nach Hause. In den Berichten ist immer wieder davon die Rede, daß man allgemein das Gefühl gehabt habe, »daß nun nichts mehr komme«, daß die Bewegung »abgeklungen« sei. Es zeigte sich, daß eine zielgerichtete Weiterführung des Aufstandes von niemandem geplant war. Das gilt auch dort, wo – wie in Berlin – die Demonstranten durch russische Panzer verjagt wurden. Fritz Schenk, der als persönlicher Referent Bruno Leuschners den 17. Juni im Haus der Ministerien miterlebte und von dort aus die Vorgänge im Stadt- und Regierungszentrum beobachten konnte, hat anschaulich beschrieben, wie die Demonstrantenmassen (verstärkt durch zahlreiche Westberliner Schaulustige) seit dem frühen Morgen dicht aneinandergedrängt, diszipliniert und tatenlos – »man konnte fast sagen geduldig«[29] – um das Regierungsgebäude herumstanden und auf Grotewohl und Ulbricht warteten, bis sie durch die sowjetischen Panzer vertrieben wurden. So stellt man sich einen Aufstand, eine Revolte eigentlich nicht vor. Die Erklärung ist einfach: Nachdem die Arbeiter das unmittelbare Ziel, die Rückgängigmachung der Normenerhöhung, erreicht und ihre Streikleitungen die Kontrolle über die Ereignisse verloren hatten, gab es in den Massen keinen klaren, gemeinsamen Willen mehr. Vor allem gab es keine Führung, keine Organisation, keine Planung. Es konnte sie nicht geben. Anders als drei Jahre später in Polen und Ungarn hatte die DDR vor den Ereignissen des 16. und 17. Juni 1953 keine Periode geistiger Klärung und Auseinandersetzung durchlaufen. Der Tod Stalins hatte unbestimmte Erwartungen und Hoffnungen geweckt. Aber weder außerhalb noch innerhalb der Partei (von einigen wenigen Männern im SED-Führungskern abgesehen) hatte man mögliche, durchsetzbare Ziele formuliert. Niemand wußte, inwieweit Moskau auch einem politischen Kurswechsel zustimmen würde. Dann, plötzlich, war der »Neue Kurs« gekommen, waren die Bauarbeiter marschiert, waren überall im Lande Streiks und Demonstrationen unerwartet erfolgreich verlaufen. Aber die unerläßliche nüchterne Lagebeurteilung konnte nicht innerhalb weniger Stunden nachgeholt werden, erst recht konnte keine neue, für das Volk wie für die Sowjetunion akzeptable Führung gefunden werden – es gab keinen deutschen Gomulka, keinen deutschen Nagy. Wer einen Beweis für die Spontaneität und Naivität des Aufstandes braucht, der findet ihn in der Tatsache, daß die Demonstranten überall die politischen Gefangenen befreien wollten, aber nirgendwo (mit der Ausnahme von Dresden, wo Arbeiter die Hauptpost zu stürmen suchten) auch nur den Versuch unternommen haben, das Nachrichten- und Verkehrswesen in die Hand zu bekommen, was die unerläßliche Voraussetzung einer erfolgreichen Fortsetzung des begonnenen Aufstandes gewesen wäre. Aber wenn irgendwelche Gruppen klar die Lage übersehen und die Erfordernisse der Stunde erkannt hätten, wären sie vermutlich zurückgeschreckt, wäre es wahrscheinlich nie zum 17. Juni gekommen. Denn das Ende war in jedem Falle abzusehen: Sobald das Regime wankte, mußten die Russen eingreifen, weil sie den gewaltsamen Sturz der SED-Herrschaft niemals hinnehmen konnten.

Die Reaktion der Sowjets auf den 17. Juni

Sehr spät, oft sogar erst mehrere Stunden nach Verkündung des Ausnahmezustandes, gingen die sowjetischen Truppen gegen die Demonstranten vor. Allerdings waren schon seit dem frühen Morgen des 17. Juni in den Bahnhöfen und Postämtern aller größeren Städte, ja überall, wo es den Sowjets besonders wichtig schien (wie an den Werften und Häfen der Ostsee oder im Urangebiet), Truppen stationiert worden.

Anscheinend war es zunächst nur das Bestreben der Besatzungsmacht, durch die Kontrolle des Nachrichten- und Verkehrswesens eine Ausbreitung und Koordinierung der einzelnen lokalen Streiks von vornherein zu verhindern. Erst später entschloß sie sich, die vielerorts zu Volksbewegungen angewachsenen Demonstrationen mit Gewalt zu zerstreuen.

Als der damalige Ostberliner Polizeipräsident Waldemar Schmidt (SED) am frühen Morgen des 16. Juni die Russen um Erlaubnis bat, den (zu diesem Zeitpunkt noch kleinen) Demonstrationszug auf der Stalin-Allee zu zerstreuen und die Rädelsführer zu verhaften, wurde ihm das untersagt. Daß die sowjetischen Befehlshaber sich erst im Laufe des 17. Juni dazu entschlossen, ihre Truppen einzusetzen, mag einmal daran liegen, daß die Sowjets durch das rasche Umsichgreifen der Streikbewegung überrascht wurden, so daß sie das wahre Ausmaß der Revolte erst im Verlaufe des Vormittags erkannten.

Zum anderen mag die gemäßigte Haltung der Demonstranten gegenüber der Besatzungsmacht den sowjetischen Entschluß zum Eingreifen verzögert haben. Sieht man von einigen Versuchen – vor allem in Ostberlin – ab, Panzer mit bloßen Händen zu stürmen oder mit Mauersteinen zu beschädigen, dann ist die Besatzungsmacht am 17. Juni weder mit Worten noch Taten angegriffen worden. Von den Streikführern, auf den Kundgebungen wurde immer wieder erklärt, daß der Streik sich gegen das SED-Regime, nicht gegen die Russen richte. Endlich mag aber auch das praktische Problem, daß die Truppen erst aus den Manövergebieten in die Einsatzorte transportiert werden mußten, den Einsatz der Roten Armee um mehrere Stunden hinausgezögert haben. Es wäre aufschlußreich für den unterschiedlichen Verlauf der Demonstrationen in verschiedenen Gegenden der DDR am 17. Juni, wenn festgestellt werden könnte, in welchen Abschnitten die sowjetischen Truppen im Juni während der Manöver eigentlich stationiert waren. Leider ist aber das mir zugängliche Material so unvollständig, daß sich kein klares Bild ergibt. Auch als der Ausnahmezustand verkündet und die Einsatzbefehle gegeben waren, gingen die sowjetischen Truppen sehr behutsam zu Werke. Überwiegend wird berichtet, daß das Auftreten der sowjetischen Truppen vorsichtig und zurückhaltend gewesen sei. Offensichtlich war den Truppen eingeschärft worden, Blutvergießen müsse vermieden werden. Beispielsweise hatten sowjetische Panzer und Schützenketten den Haller Hallmarkt lange vor Beginn der Massenversammlung am 17. Juni abends um sechs Uhr umstellt. Aber sie ließen die Menschen ungehindert zu Zehntausenden zusammenströmen und ihre Großkundgebung abhalten; erst nach deren Ende räumten sie den Platz. Überall in der DDR fuhren die sowjetischen Panzer – soweit sie gegen Demonstranten eingesetzt wurden – nur langsam in die Menge hinein, so daß sich die Menschen in

Sicherheit bringen konnten; die Panzer sollten (wie der stell-vertretende Ministerpräsident Otto Nuschke in seinem RIAS-Interview sagte) nur »gleichfalls demonstrieren«. Wo geschossen wurde, zielten die Soldaten in fast allen mir bekannten Fällen in die Luft. So erklärt sich die im Vergleich zum Umfang der Streiks ganz geringe Zahl von 21 Todesopfern.[30] So erklärt es sich auch, wie es überhaupt möglich war, daß einige Jugendliche die Rote Fahne, die 1945 auf dem Brandenburger Tor gehißt worden war, herunterholen konnten, obwohl zu dieser Zeit drei Kompanien sowjetischer Soldaten auf der Ost-seite des Tores stationiert waren: die Sowjets schossen zwar, aber eben in die Luft.

Die Ruhe und Umsicht, mit der die Sowjets dem Volksauf-stand begegneten, darf nicht darüber hinwegtäuschen, daß sie anscheinend von der Tatsache tief beeindruckt wurden, daß Arbeiter in so großer Zahl gegen das von ihnen geförderte SED-Regime demonstrierten. Jedenfalls scheint sich die Nachricht vom Aufstand der ostdeutschen Arbeiter mit Win-deseile auch in den Ländern des Ostblocks und in der UdSSR herumgesprochen zu haben. Die Presse des Ostblocks war ge-zwungen – wahrscheinlich, um Gerüchten aller Art entgegen-zutreten –, einen großen Teil ihrer Spalten zur Kommentie-rung der deutschen Ereignisse zu verwenden, und in allen Län-dern des Ostblocks sahen sich die Machthaber veranlaßt, Großkundgebungen zur Aufklärung der Bevölkerung abzu-halten, was sicherlich zu einer weiteren Verbreitung der Nach-richten beitrug.

Über die Wirkung dieser Nachrichten auf die Bevölkerung der UdSSR ist nichts bekannt, wie man auch nichts darüber weiß, welche Wirkung es auf die sowjetischen Soldaten hatte, in der DDR, einem »Arbeiter- und Bauernstaat«, gegen demonstrie-rende Arbeiter eingesetzt zu werden. Immerhin haben die Nachrichten aus der DDR zu ausgedehnten und langanhalten-

den Arbeitsniederlegungen in sowjetischen Zwangsarbeitsla-
gern, besonders in Workuta (UdSSR), geführt, an denen sich
die ausländischen wie die russischen Gefangenen in großer
Zahl beteiligten. Auch hier ging die sowjetische Führung außerordentlich vorsichtig vor; sie war bemüht, auf dem Ver-
handlungswege, mit friedlichen Mitteln, den Konflikt beizule-
gen. Das gelang ihr allerdings erst nach Wochen.

Der Westen am 17. Juni

Der Westen, Deutsche wie Alliierte, wurden von den Ereignissen meines Erachtens völlig überrascht. Zum Beispiel hatte in den ersten Junitagen, also nach der administrativen Normenerhöhung vom 28. Mai und vor dem Politbürobeschluß des 9. Juni, in Westberlin eine Besprechung stattgefunden, an der Vertreter westlicher Informationsdienste, der Presse, der Rundfunkstationen, der wissenschaftlichen Ostforschung, der Gewerkschaften und auch einzelne Abgeordnete des Bundestages teilnahmen. Derartige Besprechungen, die im Abstand einiger Wochen regelmäßig abgehalten wurden, dienten zunächst dem Austausch von Informationen. Sie waren aber auch dazu bestimmt, Erfahrungen zusammenzufassen und die Auffassungen über die Situation in der DDR miteinander abzustimmen. In der Besprechung Anfang Juni wurden die möglichen Auswirkungen der administrativen Normenerhöhung erörtert. Dabei erwähnte ein Teilnehmer, die Bundestagsabgeordnete Dr. M. E. Lüders (FDP), es sei nicht ausgeschlossen, daß es im Gefolge der Normenerhöhungen zu größeren Streiks in der Zone kommen werde. Ihre Vermutungen beruhten, wie sie mir später schrieb, »auf persönlichen Mitteilungen aus der Zone und aus Ostberlin sowie auf Schlußfolgerungen aus der genauen Verfolgung verschiedener Anzeichen, die auf eine solche Entwicklung schließen ließen. Für jeden politisch erfahrenen und aufmerksamen Beobachter konnte kaum ein Zweifel daran sein, wenn schon auch ich nicht den Tag und die genauen Umstände anzugeben in der Lage war.« In der erwähnten Besprechung scheint Frau Lüders die anderen Teilnehmer nicht überzeugt zu haben; offenbar beurteilten ihre Gesprächspartner die Situation in der DDR ganz anders. Sie hielten übereinstimmend die von ihr angedeutete Entwicklung für so unwahrscheinlich, daß man beschloß, die Möglichkeit von Arbeitsniederlegungen in der Berichterstattung und Kommentierung überhaupt nicht zu erwähnen.

Selbst als der RIAS am 15. Juni um 19.30 Uhr, also am Vorabend der Ostberliner Bauarbeiter-Demonstration, eine erste Meldung über Unruhen auf einzelnen Baustellen Ostberlins brachte, wurde sie von keiner westlichen Nachrichtenagentur übernommen, da man sie für unglaubwürdig hielt. Auch am Tage darauf, am 16. Juni, war es zunächst allein der RIAS, der sich mit den Vorgängen im Ostsektor beschäftigte. Der Sender wurde gegen Mittag davon unterrichtet, daß im Ostsektor seit dem frühen Morgen Bauarbeiter streikten und demonstrierten. Wenig später trafen Bauarbeiter im Sendehaus ein, um von den Vorgängen zu berichten. Sie verlangten, zu ihren Kollegen im Ostsektor und in der Zone zu sprechen. Nur so könne, sagten sie, die Verbindung unter den Arbeitern hergestellt werden, nur über den Sender könne die Ausrufung des Generalstreiks vor dem Haus der Ministerien überallhin verbreitet werden.

Daraufhin wurde um 13.30 Uhr die erste Nachricht von den Vorgängen im Osten Berlins gesendet. Um 16.30 Uhr folgte der erste ausführliche Bericht, in dem erwähnt wurde, daß einzelne Demonstrationsteilnehmer zum Generalstreik aufgerufen hätten. Dagegen verweigerte der amerikanische Direktor des RIAS die Sprecherlaubnis für die Bauarbeiter – offensichtlich, weil er fürchtete, daß die Sowjets Ansprachen der

Streikenden im RIAS als Provokation betrachten könnten. Im Laufe des Nachmittags wurde die Leitung des RIAS aus dem amerikanischen Hauptquartier in Mehlem sogar angewiesen, noch vorsichtiger zu sein. Es dürften, so hieß es, in den Sendungen keine Aufforderungen zu Streiks und Demonstrationen enthalten sein, der Sender habe sich unter allen Umständen auf bloße Berichterstattung zu beschränken. Und auch dazu wurde noch eine Einschränkung gemacht: Das Wort »Generalstreik« dürfe keinesfalls mehr erwähnt werden. Es war einer persönlichen Entscheidung des amerikanischen RIAS-Direktors zu verdanken, wenn in den stündlichen Sondernachrichten des Senders ab 23 Uhr davon die Rede war, Arbeiter aller Industriezweige Ostberlins hätten die Ostberliner aufgerufen, sich am 17. Juni um 7 Uhr auf dem Strausberger Platz zu versammeln.

Währenddessen schwiegen die amtlichen Stellen in Bonn wie in Berlin. Der 16. Juni verlief ohne westdeutsche Kommentare. Erst recht erklärte sich kein Politiker, keine Partei oder andere Organisation mit den Ostberliner Arbeitern solidarisch. Anscheinend hatte man im Westen zunächst den Verdacht, die Demonstrationen seien von der SED inszeniert und ein Teil des seit dem 11. Juni eingeschlagenen »Neuen Kurses«.

Dieser »Neue Kurs« war in der Bundesrepublik mit gemischten Gefühlen aufgenommen worden. Die Mehrzahl der Zeitungen und die maßgebenden Politiker aller Parteien sahen in ihm eine Bankrotterklärung der bisherigen SED-Politik, begrüßten ihn aber im Interesse der Bevölkerung; führende Vertreter der CDU/CSU bezeichneten ihn als Beweis für die Richtigkeit ihrer Politik. Daneben fürchtete man offenbar in Kreisen der Regierung, die Sowjetunion wolle mit diesem »Neuen Kurs« und neuen Viermächteverhandlungen vor allem die Eingliederung der Bundesrepublik in den Westen hintertrei-

ben, damit der CDU Boden entziehen, der SPD und deren damaligen gesamtdeutschen Plänen Auftrieb geben und dadurch die Wahlchancen der CDU bei den zweiten Bundestagswahlen am 6. September beeinträchtigen. Die Westintegration war für die Bundesrepublik spätestens seit dem 19. März 1953 eine beschlossene Sache – dem Tage, an dem der Bundestag dem Deutschland- und dem EVG-Vertrag zugestimmt hatte. Ungefähr einen Monat vor dem 17. Juni, am 15. Mai 1953, hatten die Verträge auch den Bundesrat passiert. Aber andere Vertragspartner, vor allem Frankreich, hatten diese Verträge noch nicht ratifiziert, die neue Sowjetführung wie der außenpolitische Ausschuß der französischen Nationalversammlung Churchills Vorschlag einer Gipfelkonferenz über strittige Fragen, beispielsweise auch über das Problem eines deutschen Friedensvertrages, begrüßt. Um eine ihm gefährlich scheinende Entwicklung abzubremsen, übermittelte Bundeskanzler Dr. Adenauer am 29. Mai dem amerikanischen Präsidenten ein Memorandum, in dem er die Notwendigkeit der Wiedervereinigung in Freiheit, eines frei vereinbarten Friedensvertrages und der vollen Bündnisfreiheit des künftigen Gesamtdeutschland betonte als »das Recht einer freien und gleichberechtigten Nation, sich zu friedlichen Zwecken mit anderen Nationen zusammenzuschließen«[31], wobei offenbar auch an eine gesamtdeutsche Zugehörigkeit zur EVG gedacht war. Andererseits forderte die SPD-Fraktion des Bundestages am 9. Juni die Bundesregierung auf, sich unermüdlich für neue Viermächteverhandlungen über Deutschland einzusetzen.
Nachdem der Westen also zunächst angenommen hatte, die Demonstrationen des 16. Juni seien Elemente des neuen Stils in der DDR und damit möglicherweise einer neuen sowjetischen Deutschlandinitiative, trat an die Stelle ungläubigen Erstaunens vorsichtige Zurückhaltung, als die Nachrichten aus dem Ostsektor allmählich erkennen ließen, daß dort eine

Volksbewegung gegen das Regime im Entstehen war; sie konnte keinesfalls von den kommunistischen Machthabern im »Neuen Kurs« vorgesehen worden sein. Wie die Amerikaner glaubten jetzt die Westdeutschen, daß alles unterlassen werden müsse, was von den Sowjets als Einmischung gedeutet werden könnte. So erklärt sich die in den späten Abendstunden des 16. Juni über den Rundfunk verbreitete Aufforderung Jakob Kaisers, des Bundesministers für gesamtdeutsche Fragen, niemand solle sich »zu unbedachten Handlungen hinreißen«, »zu gefahrvollen Aktionen verleiten lassen« in einem Augenblick, in dem »die Politik um die Wiedervereinigung immerhin in Bewegung geraten« sei; Besonnenheit »im Vertrauen auf unsere Solidarität« sei das Gebot der Stunde. Allein der Westberliner Gewerkschaftsvorsitzende Ernst Scharnowski rief über den RIAS die Arbeiter, ja die Bevölkerung der Zone zur Solidarität mit den Ostberliner Bauarbeitern auf und riet, »überall die Strausberger Plätze aufzusuchen«. Dieser Aufruf, der im Bundeskanzleramt wie beim Parteivorstand der SPD »als lebensgefährliche Provokation und unbegreifliche Verantwortungslosigkeit«[32] bezeichnet wurde, war schon am 16. Juni abends im RIAS auf Band genommen, aber zunächst nicht gesendet worden, weil der RIAS die Billigung des amerikanischen Hauptquartiers erbat: Wenn man bis 5 Uhr morgens nichts höre, werde man den Aufruf hinausgehen lassen. Das Hauptquartier schwieg; die Amerikaner waren offenbar unschlüssig.

Immer deutlicher zeigte sich im Laufe des 17. Juni, daß die westalliierten Kontrollbehörden ebenso wie die westdeutschen und Westberliner Politiker entschlossen waren, alles zu vermeiden, was als Einmischung aufgefaßt werden konnte. In Bonn gab Bundeskanzler Dr. Adenauer vor dem Bundestag eine vorsichtige und abwartende Erklärung ab. In Berlin wurde nach Kräften versucht, ein Übergreifen der Demonstrationen auf Westberlin und eine Teilnahme von Westberlinern an den Ostberliner Vorgängen, ja selbst eine westliche Beeinflussung dieser Vorgänge nach Möglichkeit zu verhindern. So ließ alliierte und deutsche Polizei Westberliner Verkehrsmittel schon einige Stationen vor den Sektorengrenzen halten und sperrte die Zufahrtsstraßen zur Sektorengrenze, um den Zustrom von Westberlinern abzufangen. Britische Militärpolizei zog an dem – im britischen Sektor gelegenen – sowjetischen Ehrenmal auf und sicherte es gegen Übergriffe der Bevölkerung. Die französische Militärverwaltung versuchte – allerdings vergeblich –, die demonstrierende Belegschaft des am Nordrand Berlins gelegenen Stahlwerks Henningsdorf, die auf dem Wege ins Stadtzentrum den französischen Sektor passieren mußte, am Durchmarsch zu hindern. Ernst Reuter, der auf einer Tagung in Wien gewesen war und der die amerikanische Militärverwaltung um einen Platz in einem Militärflugzeug bat, um schnell zurück nach Berlin gelangen zu können, erhielt eine Absage. Eine Ansprache auf russisch an die Soldaten der Roten Armee, die Reuter vorbereitet und auf Band gesprochen hatte, durfte nicht gesendet werden, obwohl sie lediglich die Aufforderung enthielt, nicht auf unbewaffnete deutsche Arbeiter zu schießen. Der Lautsprecherwagen einer russischen Emigrantenorganisation, der von den Grenzen der Westsektoren aus die sowjetischen Soldaten darüber aufzuklären suchte, daß sie gegen demonstrierende Arbeiter und nicht gegen faschistische Agenten und Provokateure eingesetzt seien, wurde von den Alliierten beschlagnahmt. Und seit den Mittagsstunden des 17. Juni waren Hunderte von deutschen und alliierten Polizisten eingesetzt, um die große Zahl von Westberlinern, die sich an den Sektorengrenzen eingefunden hatten, um die Vorgänge im Osten ihrer Stadt zu beobachten, in das Innere der Westsektoren abzudrängen.

Diese vorsichtige, auf Vermeidung aller Konflikte bedachte

Haltung des Westens hat die Bevölkerung drüben enttäuscht; das zeigen die Berichte geflüchteter Streikteilnehmer immer wieder. Anscheinend hat man vielerorts erwartet, daß der Aufstand den Westen zum Eingreifen veranlassen werde. Eine Reihe von Aussagen läßt erkennen, daß viele Menschen drüben aus der Berichterstattung westlicher Rundfunkstationen herausgehört hatten, der Westen werde im Ernstfall den Aufständischen zu Hilfe kommen. Weniger die eigentlichen Träger des Aufstandes, die Arbeiterschaft, als Kreise des Mittelstandes und Kleinbürgertums scheinen sich dieser Hoffnung hingegeben zu haben; das Verhalten des Westens hat ihrem Vertrauen einen harten Stoß versetzt.

Auch im Westen ist die Berichterstattung des Rundfunks kritisiert worden[33] – nicht weil sie falsche Hoffnungen erweckt, sondern weil sie sich zu sehr zurückgehalten habe. Es sei, so hieß es, Aufgabe des Westens und vor allem des Rundfunks, unter den voneinander isolierten Einzelnen drüben die Verbindungen zu ermöglichen, die das Regime durch die Kontrolle aller Lebensbereiche zerstört habe. Alle Nachrichten, also am 17. Juni auch die Verkündung des Generalstreiks, müßten verbreitet werden. Das sei eine Pflicht des Westens den Unterdrückten gegenüber, die auf andere Weise von den Vorgängen im eigenen Lande keine Kenntnis erhielten und sonst nicht solidarisch tätig werden könnten. Eine bloße Nachrichtenübermittlung könne und werde von den Sowjets nicht als Einmischung und Provokation angesehen werden.

Die SED und der 17. Juni

Am 16. Juni 1953 tagte – wie jeden Dienstag – das Politbüro der SED im Ostberliner Haus der Einheit, dem Sitz des Zentralkomitees in der jetzigen Wilhelm-Pieck-Straße. Man debattierte erregt über die wirtschafts- und personalpolitischen Konsequenzen des »Neuen Kurses«. Denn einmal mußten sofort beträchtliche Veränderungen am geltenden Fünfjahresplan vorgenommen werden. Zum anderen hatte eine starke Gruppe im Politbüro die Frage aufgeworfen, ob nicht der Kurswechsel die Abberufung des Generalsekretärs erforderlich mache. »Es steht schlecht um Walter«, sollte Erich Honecker, ein treuer Anhänger Ulbrichts, nach der Sitzung zu einem Mitarbeiter sagen.

Am frühen Vormittag ließ Heinz Brandt, Sekretär für Agitation und Propaganda der SED-Bezirksleitung, deren ersten Sekretär, Hans Jendretzky, aus der Politbürositzung ins Vorzimmer rufen. Jendretzky erschien sofort, von Rudolf Herrnstadt begleitet. Brandt berichtete ihnen, daß auf der Stalin-Allee eingesetzte Agitatoren der Partei fluchtartig in die Bezirksleitung gekommen seien und aufgeregt berichtet hätten, am Krankenhaus Friedrichshain und auf Block 40 formiere sich ein Demonstrationszug, der dauernd neuen Zulauf erhalte; denn alle Baustellen seien in Unruhe und zum Streik entschlossen. Es werde eine riesige Demonstration geben, wenn man nicht sofort etwas tue. In der Bezirksleitung – so fuhr Brandt fort – sehe man nur eine Möglichkeit: das Politbüro müsse sofort die Normenerhöhung aufheben. »Also du meinst, daß man sich hinter die Forderungen der Arbeiter stellen muß – sie sind berechtigt?« wollte Herrnstadt wissen. Als Brandt bejahte, erklärten sich Jendretzky und Herrnstadt sofort bereit, den Antrag im Politbüro zu vertreten.

Brandt mußte lange auf die Entscheidung warten. Endlich erschien Ulbricht in der Begleitung Jendretzkys und sagte aufgeregt, das Politbüro habe dem Antrag der Bezirksleitung zugestimmt, Bruno Baum (ein anderer Sekretär der Bezirksleitung) solle das den Demonstranten mitteilen und dadurch die Demonstration auflösen.

Als Baum zusammen mit Brandt den Demonstrationszug am Alexanderplatz erreichte, war dieser bereits auf mehrere tausend Menschen angewachsen. Ständig erhielt er neuen Zustrom von anderen Baustellen, aus Betrieben, von Passanten. Baum resignierte sofort. Er versuchte gar nicht erst, den Auftrag Ulbrichts auszuführen. Er begriff, daß hier etwas im Entstehen war, was mit einer improvisierten Ansprache nicht mehr auseinandergeredet werden konnte.

Einige Zeit später rief Industrieminister Selbmann im Politbüro an. Inzwischen hatten die Demonstranten die Leipziger Straße und das Haus der Ministerien erreicht; sie verlangten in Sprechchören Grotewohl und Ulbricht zu sprechen. Der Industrieminister, einer der wenigen, die im Regierungsgebäude die Nerven behalten hatten, ließ sich mit Ulbricht verbinden und forderte ihn auf, herüberzukommen und zu den Arbeitern zu sprechen. Das lehnte Ulbricht ab. Er soll gesagt haben, er könne die Sitzung nicht verlassen. Als Selbmann ihn drängte, weil sein Erscheinen wichtig sei, soll er entgegnet haben: da es regne, würden die Demonstranten doch wohl bald auseinandergehen.

Überhaupt nahm die Parteiführung offenbar an, die Normenerklärung des Politbüros habe alle Gefahr gebannt. Als Selbmann die Aufhebung der Normenerhöhung vor dem Haus der Ministerien bekanntgegeben hatte und die Demonstrationszüge sich auf den Heimweg machten, verbreitete sich in der Partei- und Staatsführung die Meinung, daß damit die Unruhen im wesentlichen ihr Ende gefunden hätten. Die Berliner SED-Führung war sowieso vollkommen von den Vorarbeiten für eine Parteiaktivtagung in Anspruch genommen, die vor zwei Tagen anberaumt worden war und am Abend des 16. Juni im Berliner Friedrichstadt-Palast stattfand. Es wurde eine gespenstische Versammlung. Denn während Grotewohl und Ulbricht die Schwenkung des 9. Juni langatmig erklärten und rechtfertigten, die Ereignisse des Vormittags aber nur am Rande erwähnten, riefen zur gleichen Zeit auf den Straßen Ostberlins Arbeiter in Sprechchören zum Generalstreik auf. Volkspolizei-Posten meldeten aus den verschiedensten Bezirken des Ostsektors, daß erregte Menschengruppen den Generalstreik und die für den 17. Juni geplante Kundgebung auf dem Strausberger Platz diskutierten.

Daraufhin wurde der Ostberliner Rundfunk angewiesen, in kurzen Abständen die amtliche Aufforderung an alle Arbeitnehmer zu wiederholen, sich »entgegen irreführenden Gerüchten« am nächsten Morgen in die Betriebe zu begeben und an den dort vorgesehenen Belegschaftsversammlungen teilzunehmen. Schon am Nachmittag hatte man in der Berliner SED-Bezirksleitung beschlossen, daß jedes Mitglied des Sekretariats am nächsten Morgen einen Berliner Großbetrieb aufsuchen und dort den »Neuen Kurs« und die Rückgängigmachung der Normenerhöhung zu erläutern habe.

Noch zu diesem Zeitpunkt nahm man offensichtlich in den Berliner Führungsgremien der Partei und des Staates an, daß die Streiks und Demonstrationen, auch wenn sie am 17. Juni anhalten sollten, doch auf Berlin beschränkt bleiben würden. Schon am Nachmittag war ein Runderlaß des Staatssicherheitsministers Zaisser an alle SSD-Dienststellen in der DDR hinausgegangen, in dem zahlreiche Mitarbeiter, darunter Abteilungs- und Dienststellenleiter, aufgefordert wurden, sich umgehend nach Berlin zu begeben und im Staatssicherheitsministerium zu melden. In den späten Abendstunden des 16. Juni wurden durch einen zweiten Runderlaß Zaissers weitere SSD-Angehörige nach Berlin beordert, die die Partei- und Gewerkschaftsfunktionäre in den Betriebsversammlungen des nächsten Tages unterstützen sollten. Ungefähr siebenhundert Mitarbeiter des SSD trafen im Laufe der Nacht in Berlin ein. Es ist wenig wahrscheinlich, daß der Minister für Staatssicherheit eine derartige Konzentrierung seiner Mitarbeiter in Berlin veranlaßt hätte, wenn er Anzeichen dafür gesehen hätte, daß am 17. Juni nicht nur in Berlin, sondern auch in Hunderten von Ortschaften der DDR Unruhen ausbrechen würden.

Viele Funktionäre in der DDR sahen deutlicher, was die Stunde geschlagen hatte. Fritz Schenk hatte am Nachmittag und Abend des 16. Juni auf Weisung Leuschners alle Minister, Bezirksratsvorsitzenden und Spitzenfunktionäre der Wirtschaftsverwaltung mit ihren wichtigsten Beratern für den 17. Juni zu einer Sitzung nach Berlin beordert, auf der im Auftrag des Politbüros die wichtigsten Umstellungen des Fünfjahrplanes beschlossen werden sollten; denn die Parteiführung verlangte, alle großen Investitionsvorhaben abzubrechen und die verfügbare Wirtschaftskraft der DDR auf die Steigerung der Konsumgüterproduktion und den Wohnungsbau zu konzentrieren. Es war nicht leicht, die Bezirksratsvorsitzenden dazu zu bringen, Hals über Kopf nach Berlin zu fahren. Die Vorsitzenden der Bezirke Dresden, Chemnitz, Halle, Leipzig und Magdeburg befürchteten schon am Abend des 16. Juni die

Unruhen, die am nächsten Tag ausbrechen sollten. Immer wieder hieß es am Telefon, daß man in Berlin wohl keine Ahnung habe, wie es im Lande aussehe.

Fest steht, daß die Partei- und Staatsführung am 17. Juni weder für Berlin noch für die DDR irgendwelche Anweisungen gab – wahrscheinlich, weil man durch das Ausmaß der Ereignisse in Berlin und die unerwarteten Unruhen in der DDR völlig überrascht war. Auch die beiden wichtigsten Machtorgane des Regimes, Geheimpolizei (SSD) und Militär (KVP), versagten auf der ganzen Linie. Das Staatssicherheitsministerium in Berlin verlor schon am Morgen des 17. Juni eine Verbindung nach der anderen mit seinen Außenstellen und war um die Mittagszeit faktisch isoliert, und die Kasernierte Volkspolizei reagierte auf die Ereignisse von sich aus überhaupt nicht und mußte durch sowjetische Befehle zum Eingreifen veranlaßt werden.

Die Funktionäre der lokalen Partei- und Staatsdienststellen machten am 17. Juni in den meisten Fällen gar nicht den Versuch, den Demonstranten entgegenzutreten. Sie übersahen schon seit dem »Neuen Kurs« nicht mehr die Lage. Denn seit dem Politbürobeschluß waren sie ohne Anleitung, ohne Direktiven von oben geblieben; lediglich Hermann Axen, damals Sekretär für Agitation im Zentralkomitee, hatte sie angewiesen, in kürzester Frist, aber unauffällig(!) alle Transparente verschwinden zu lassen, die den »Aufbau des Sozialismus« forderten oder auch nur das Wort »Sozialismus« enthielten. Diese Weisung konnte ihre Verwirrung nur vergrößern. Hatte die Parteiführung die Errichtung einer sozialistischen Gesellschaft nur aufgeschoben – oder etwa aufgegeben? War alles falsch gewesen, was sie, die kleinen und mittleren Funktionäre, seit einem Jahr trotz aller Hemmnisse und gegen zahllose Widerstände durchzusetzen versucht hatten? Was aber war dann richtig? Sie waren längst nicht mehr gewöhnt, sich eigene Gedanken zu machen, selbständige Initiativen zu entfalten, eigene Entschlüsse zu fassen. Die Unsicherheit machte selbst Funktionäre nachgiebig; einige folgten einer spontanen Regung und schlossen sich den Streikenden an, womit sie sich – wie das 15. ZK-Plenum später feststellte – »im Schlepptau der Provokateure« befanden. Das vorherrschende Gefühl in den Parteihäusern und Verwaltungsdienststellen der Provinz am 17. Juni war völlige Hilflosigkeit. Funktionäre haben später offen zugegeben, sie hätten einfach nicht gewußt, wie man mit einer derartigen Erhebung fertig werden könne. Das Kommuniqué der 15. Tagung des ZK der SED beklagte, daß »zahlreiche Mängel und Schwächen« zutage getreten seien, daß »Kopflosigkeit und Unorganisiertheit« während des Aufstandes unter den Parteifunktionären und -mitgliedern geherrscht hätten; Parteimitglieder seien »in Panik verfallen, auf die Positionen des Kapitulantentums und des Opportunismus gegenüber den Parteifeinden und faschistischen Provokateuren abgeglitten«.[34] Damit war folgendes gemeint: Entweder hatten die Genossen und Funktionäre in den lokalen Verwaltungsorganen der Partei und des Staates offen kapituliert, also zum Beispiel die Schlüssel zu den Gefängnissen, Aktenschränken und Geheimkarteien den Aufständischen ohne weiteres ausgehändigt, oder sie hatten versucht, sich selbst in Sicherheit zu bringen, hatten sich eingeschlossen, die Türen verrammelt, die Scherengitter heruntergelassen und auf Entsatz gehofft. (Wobei in einigen Fällen die Demonstranten offenbar von vorneherein damit gerechnet und gleich Schweißapparate mitgebracht hatten!)

Auch die Angehörigen der Volkspolizei machten keine Ausnahme, auch sie waren der Lage nicht gewachsen. In der Mehrzahl der Fälle waren die (blau gekleideten) Volkspolizisten der örtlichen Dienststellen nicht bereit, den Demonstranten entgegenzutreten. Wiederholt wird berichtet, daß die Po-

lizisten sich auf lange Diskussionen mit den Streikenden ein-
ließen, um dann die Kolonnen mit gesenkten Gummiknüppeln
weiterziehen zu lassen. Ja, in einigen Fällen gaben sie ihre
Sympathien für die Demonstranten offen zu erkennen und
warfen ihre Waffen weg. Manchmal reihten sie sich sogar in
die Demonstrationszüge ein.

Von den Angehörigen der (damals hellbraun gekleideten)
KVP ist derartiges fast gar nicht berichtet worden; die militärischen Teile der Volkspolizei konnten überwiegend mit Erfolg gegen die Demonstranten eingesetzt werden. Das mag
einmal daran liegen, daß die KVP am Nachmittag sowjetischem Befehl unterstellt wurde und erst daraufhin, nach Ver-
hängung des Ausnahmezustandes, überhaupt in Erscheinung
trat. Die Tatsache eines gemeinsamen Einsatzes mit den Soldaten der Roten Armee mag es den KVP-Soldaten unmöglich
gemacht haben, ihre Solidarität mit den Demonstranten zu
zeigen. Daneben ist aber sicher ins Gewicht gefallen, daß die
ordentliche Volkspolizei regelmäßig aus Einwohnern der betreffenden Stadt oder Gemeinde bestand, während die KVP,
landsmannschaftlich gemischt, keine innere Beziehung zu den
Einsatzorten hatte. Immer wieder wird berichtet, daß sich Angehörige der örtlichen Volkspolizei zum Mitdemonstrieren
entschlossen, als sie Verwandte oder Freunde im Demonstrationszug erkannten. Auch wo es nicht zu solchen Begegnun-
gen kam, mag beispielsweise die Nennung der Namen ortsan-
sässiger, angesehener, mitdemonstrierender Betriebe Volkspolizisten veranlaßt haben, ihre Solidarität mit den Streikenden zu zeigen. Dagegen war es für die mit den örtlichen Verhältnissen nicht vertrauten Angehörigen der KVP wesentlich
schwieriger, die wahre Situation zu erkennen und die völlige
Unglaubwürdigkeit der amtlichen Einsatzbegründung zu
durchschauen: ein vom Westen her angezettelter Putsch müsse
niedergeschlagen werden.

Bei den Soldaten der KVP hatte ebenso wie bei den Arbeitern des Eisenhüttenkombinats Ost eine materielle Besserstellung unter gleichzeitiger Isolierung und politischer Beeinflussung des Einzelnen offenbar die Widerstandsbereitschaft oder auch nur Protestneigungen abgebaut. Damit wurde schon am 17. Juni 1953 erkennbar, daß sich die Aussichten der Kommunisten in der DDR in dem Maße verbessern würden, in dem es ihnen gelang, den einzelnen Bürger zu isolieren und politisch zu beeinflussen *und* zugleich eine fühlbare Verbesserung der Lebenshaltung durchzusetzen.

Nach dem 17. Juni waren die Kommunisten freilich von der Verwirklichung dieses Zieles noch weit entfernt, und ihre Reaktion auf die Ereignisse zeigte, daß sie sich über das Ausmaß der Niederlage, die sie erlitten hatten, durchaus im klaren und bereit waren, nicht im Terror, sondern im Entgegenkommen einen Ausweg zu suchen.

Das Regime war sich der Tatsache bewußt, daß die katastrophale wirtschaftliche Lage des Frühjahrs 1953 einen wesentlichen Anteil an der Vorgeschichte der Unruhen gehabt hatte: es war daher besonders darauf bedacht, die Versorgung der Bevölkerung zu verbessern. Zu diesem Zwecke wurde der »Neue Kurs«, der am 11. Juni mit einer Anzahl wirtschaftspolitischer Maßnahmen eingeleitet worden war, ausdrücklich auch nach dem Juni-Aufstand beibehalten und am 25. Juni und 23. Juli mit einer Reihe ministerieller Verordnungen und Anweisungen »zur weiteren Verbesserung der Lebenshaltung der Bevölkerung« fortgesetzt. Im einzelnen bezogen sich die beschlossenen Förderungsmaßnahmen diesmal u. a. auf Erleichterungen für die Landwirtschaft, die Förderung des Handwerks und der Privatindustrie, insbesondere durch eine Steuersenkung, eine Lohnerhöhung (vor allen in den bis dahin stark benachteiligten Lohngruppen 1 bis 4), eine Erhöhung der Renten sowie die Freigabe von Staatsreserven und von

Exportwaren für die allgemeine Versorgung der Bevölkerung.

Vor allem wurde an der wichtigen Entscheidung im Politbürobeschluß vom 9. Juni festgehalten, die Konsumgüterindustrie zu fördern, ihr mehr Investitionen zuzuwenden als der Schwerindustrie. Das war jetzt um so leichter, als sich die Sowjetunion unter dem Eindruck des Aufstandes nun doch noch entschlossen hatte, der DDR die Hilfe (sogar »jede Hilfe«, wie es hieß) zu versprechen, die den deutschen Genossen vorher mehrfach verweigert worden war. Daneben bekräftigten die Erklärungen des 15. ZK-Plenums (24.–26. Juli 1953) den Willen der Partei, den seit der zweiten Parteikonferenz verschärften Kampf gegen den besitzenden Mittelstand abzubrechen und statt dessen dem privaten Handel und Handwerk wieder eine Existenzberechtigung zuzugestehen, die privaten Bauern zu unterstützen und auf die weitere Kollektivierung der Landwirtschaft zu verzichten.

Natürlich hatte die Unzufriedenheit, ja Verzweiflung der bürgerlichen und mittelständischen Bevölkerung nicht nur wirtschaftliche Gründe gehabt. So beschränkte sich auch der »Neue Kurs« nicht auf wirtschaftspolitische Lockerungen. Die Herrschaftsmethoden der Partei sollten allgemein gefälliger werden: Die Volkskammer, also das Parlament, und die Blockparteien, die politischen Junior-Partner der SED, sahen sich aufgewertet, das Verhältnis von Staat und Kirche entspannte sich, den unpolitischen Unterhaltungsbedürfnissen der Menschen wurde mehr Rechnung getragen, Wissenschaft und Kultur erhielten etwas größere Spielräume.

Sie blieben nicht ungenutzt. Das zeigt die bemerkenswerte kulturpolitische Entschließung der Deutschen Akademie der Künste vom 30. Juni 1953, das zeigt vor allem der Anfang Juli vom Kulturbund-Präsidium unter dem Vorsitz Johannes R. Bechers gefaßte Beschluß, der die Meinungsfreiheit in allen wissenschaftlichen und künstlerischen Diskussionen, die Freiheit künstlerischen Schaffens und die Freiheit von Forschung und Lehre, die Selbständigkeit der Lehrer, die wirklichkeitsgetreue Information durch Presse und Rundfunk und »die Rechtssicherheit auf der Grundlage der unantastbaren Verfassung unserer Republik« forderte – mit dem überraschenden, nur aus den Zeitumständen erklärlichen Ergebnis, daß Walter Ulbricht auf der 15. ZK-Tagung erklärte, »der größte Teil« dieser Forderungen werde sich verwirklichen lassen. Es blieb nicht nur bei Entschließungen. Während die Partei wirkliche Eingeständnisse umging und ihre Spitzenfunktionäre sich bestenfalls zu Halbwahrheiten durchrangen, konnten einige freimütige Artikel erscheinen: Johannes R. Becher und Bert Brecht, Peter Huchel, Erwin Strittmatter und Arnold Zweig meldeten sich – mehr oder minder offen, mehr oder weniger scharf, aber allesamt kritisch – zu Wort. Günther Cwojdraks aufrüttelnder Aufruf an die Schriftsteller unter der Überschrift »Schreibt die Wahrheit!«, Wolfgang Harichs scharfer Angriff auf die Staatliche Kunstkommission und die vernichtende Kritik der Presse durch Erich Loest zeigten deutlich, wie sehr gerade Angehörige der Nachkriegsgeneration, der neuen sozialistischen Intelligenz, die Tatsache betroffen gemacht hatte, daß sich am 17. Juni die Arbeiter erhoben hatten, zeigten auch, wie groß die Hoffnungen waren, die gerade junge Sozialisten auf den »Neuen Kurs« und eine Erneuerung der Partei setzten.[35] Diese Hoffnungen trogen; es war kein Zufall, daß 1956 und 1957 Harich und Loest verhaftet und zu langjährigen Zuchthausstrafen verurteilt wurden.

Denn es sollte sich beim »Neuen Kurs« um keine endgültige, sondern eine vorübergehende Milderung, um keine strategische, sondern eine taktische Veränderung handeln. Die in den vergangenen Jahren errungenen Machtpositionen der Partei sollten nicht geräumt, sondern nur ansprechender verkleidet werden; Grotewohl verglich im Sommer 1953 den »Neuen Kurs« mit der Neuen Ökonomischen Politik (NÖP) der Sowjetunion in den Jahren 1921 bis 1925. Einige Grundsätze des »Neuen Kurses« blieben nicht lange gültig – zum Beispiel der Vorrang der Konsumgüterindustrie –, andere wurden länger beibehalten. Aber schon im Juli 1953 hatte das 15. ZK-Plenum offen ausgesprochen, es handle sich nur um eine Atempause; es sei richtig gewesen, daß die Partei Deutschland auf den Weg des Sozialismus geführt und in der DDR mit der Errichtung der Grundlagen des Sozialismus begonnen habe: »Diese Generallinie der Partei war und bleibt richtig.«[36]

Es gehörte zu den Zielen des »Neuen Kurses« vom 9. Juni 1953, auf den politischen Terror und damit auf abschreckend hohe Strafen gegen politische Gegner zu verzichten, früher gefällte Urteile zu mildern, Amnestien auszusprechen und ganz allgemein die Rechtssicherheit zu betonen. Diese Absichten hätten sich gegenüber den Streikenden und Demonstranten des 17. Juni bewähren können, und zunächst ging das Regime gegen sie auch tatsächlich zurückhaltend vor. Der Justizminister Max Fechner (SED) erklärte in einem Interview, das am 30. Juni im *Neuen Deutschland* erschien und am folgenden Tage auch in der sowjetischen *Täglichen Rundschau* veröffentlicht wurde, die DDR-Verfassung garantiere das Streikrecht, die Teilnahme an den Streiks des 17. Juni sei daher nicht strafbar, auch die führende Tätigkeit in einer Streikleitung reiche nicht zu einer Verurteilung aus. Aber am 16. Juli 1953 wurde Fechner, ein alter Widersacher Ulbrichts, abgesetzt und verhaftet. Seine Nachfolgerin Hilde Benjamin warf ihm in ihrer Antrittsrede das Interview besonders vor, »weil es den grundsätzlichen Fehler beging, einen versuchten Staatsstreich und faschistischen Putsch als einen Streik zu rechtfertigen«.[37] Die Zahl der Streikteilnehmer und Demonstranten, die nach dem Führungs- und Kurswechsel im Justizministerium unter dem Vorwand anderer Straftaten – wie Landfriedensbruch, Boykotthetze oder Staatsverleumdung – verhaftet und verurteilt wurden, ist nicht bekannt. Im Westen sind über 1300 Verurteilte registriert worden, von denen vier zu lebenslänglichem Zuchthaus und sechs zum Tode verurteilt waren, während die übrigen mehrjährige Freiheitsstrafen zu verbüßen hatten. Man muß sich wundern, daß das Regime sich zu dieser Härte entschloß; denn es mußte befürchten, daß Verhaftungen und Verurteilungen größeren Umfangs neue Streiks auslösen und damit beträchtliche Produktionsausfälle nach sich ziehen könnten. Diese Befürchtungen waren nicht unbegründet; in zahlreichen Fällen haben auch nach dem 17. Juni Betriebsbelegschaften weitergestreikt, um die Freilassung verhafteter Kollegen zu erzwingen.

Mit wirtschaftlichen Verbesserungen und einer strafrechtlichen Ahndung der (angeblichen) Rädelsführer war es nicht getan. Die SED mußte rasch zur richtigen »Einschätzung«, zu einer einheitlichen Beurteilung der Juni-Ereignisse kommen, die der Bevölkerung und vor allem den Arbeitern plausibel gemacht werden konnte.

Anscheinend hielt es die Mehrheit der Politbüro- und Zentralkomitee-Mitglieder für ausgeschlossen, die wahre Lage offen zu diskutieren. Jedenfalls wurde auf der unmittelbar nach dem 17. Juni einberufenen 14. Tagung des ZK der SED am 21. Juni ein Kommuniqué »über die Lage und die unmittelbaren Aufgaben der Partei« beschlossen, das den 17. Juni als den lange vorbereiteten Tag X des Westens bezeichnete und den Nachweis versuchte, daß gerade zu diesem Zeitpunkt die internationale Lage den Westen zur Entfesselung von Unruhen gezwungen habe. Diese Interpretation der Ereignisse wurde später vom Kommuniqué der 15. Tagung des ZK der SED bestätigt und ergänzt, sie bildete in der Folgezeit die Grundlage der Parteiarbeit. Auf der Linie des Kommuniqués vom 21. Juni lag vom Tag seiner Publizierung ab alle Propagandatätigkeit des Rundfunks und der Presse. Der Versuch einiger kommunistischer Zeitungen sofort nach dem 16./17. Juni, die Ereignisse gewissermaßen »doppelgleisig« als echte Demonstration und zugleich als Putschversuch darzustellen – etwa, daß der Westen die Demonstration für seine Zwecke auszunutzen verstanden habe oder auch, daß die Putschparolen bei unzufriedenen Arbeitern teilweise Gehör gefunden hätten –, wurde offensichtlich von der Parteiführung nicht gebilligt und verschwand aus der Berichterstattung und den Kommentaren. Als Ende Juni in allen größeren Städten Großkundgebungen stattfanden, die das einmütige Vertrauen zu Staat und Staatspartei unter.Beweis stellen sollten, lehnte sich die Argumentation der Redner stereotyp an die beiden Grundgedanken des Kommuniqués an: a) der 17. Juni wäre ausschließlich das Werk westlicher Provokateure gewesen und b) die von der Regierung eingeleiteten und geplanten Maßnahmen böten die Gewähr für eine rasche Verbesserung der allgemeinen Lebenshaltung.

Die SED aber nahm anscheinend selbst nicht an, daß ihre Interpretation in der Bevölkerung, vor allem bei den Arbeitern, die selbst am 17. Juni demonstriert hatten, auf Verständnis stoßen würde.

Es war daher ein bedeutsamer und interessanter Versuch des Regimes zur Verbesserung seiner Position, wenn die führenden Funktionäre in der Zeit zwischen dem 20. Juni und Anfang Juli in einigen Großbetrieben durch lange, selbstkritische und überwiegend sehr offene Diskussionen das verlorene Vertrauen der Arbeiterschaft wenigstens teilweise zurückzugewinnen versuchten.

Das *Neue Deutschland* und die *Tägliche Rundschau* haben von 29 derartigen Diskussionen berichtet; ihre Verteilung zeigt die Schwerpunkte der Unruhen. Fast die Hälfte, nämlich 14 Dis-

kussionen, wurden in Berlin veranstaltet, allein fünf in Baubetrieben, vier davon auf der Stalin-Allee. Sechs weitere Groß-
diskussionen wurden in Sachsen, vier in Sachsen-Anhalt veranstaltet.

Bei drei Betrieben, in denen Diskussionen stattgefunden haben, wurde ausdrücklich in der Presse erwähnt, daß sie am
17. Juni nicht gestreikt hätten; bei den übrigen 26 Betrieben
zeigt die Berichterstattung, daß ihre Belegschaften an Streiks
und Demonstrationen teilgenommen haben, ja einige
Betriebe waren sogar führend an der Streikbewegung beteiligt: die Waggonfabrik Ammendorf, das Leunawerk, das Thäl-
mann-Werk in Magdeburg, das Marx-Werk in Potsdam, die
Neptun-Warnow-Werft in Rostock. Die Spitzen der SED-
Führung eilten zu den Diskussionen in die Betriebe: neben
zahlreichen Mitgliedern des Zentralkomitees allein elf – der
insgesamt vierzehn – Mitglieder und Kandidaten des Politbüros; nur Zaisser, Jendretzky, der angeblich krank war, und
Pieck, der sich in der Sowjetunion erholte, sprachen nicht.

Die Diskussionskampagne war ein Erfolg für das Regime.
Meist scheint tatsächlich offen und ausführlich diskutiert worden zu sein. Einzelne Veranstaltungen dauerten bis in die
Nacht, und man hat aus den Zeitungsberichten den Eindruck,
daß die Arbeiter wirklich ihre Meinung zu sagen wagten. Materielle Sorgen, Beanstandungen der Arbeitsorganisation in
den Betrieben und politische Kritik kamen gleicherweise zu
Wort und wurden – wenn auch sicherlich mit redaktionellen
Veränderungen – in der Presse veröffentlicht. Anscheinend
war die Parteiführung schon Anfang Juli mit dem Erreichten
zufrieden und hielt die Gefahr neuer Erhebungen für gebannt,
so daß die Diskussionskampagne eingestellt wurde.

Wenn man die Reden, die die Spitzenpolitiker der SED in den
Betrieben gehalten hatten, sorgfältig verglich, dann konnte
man schon Anfang Juli merken, daß es in der Parteiführung

offenbar Meinungsverschiedenheiten gab. Denn während die
meisten Redner ihren Ansprachen ausschließlich die Behauptung der 14. ZK-Tagung zugrunde legten, der Juni-Aufstand
sei eine westliche Provokation gewesen, zeigten andere Reden, daß die Sprachregelung des Zentralkomitees dort nur mit
Abschwächungen vertreten oder sogar ganz beiseite gelassen
wurde.

Sieht man von Zaisser und Jendretzky ab, die sich überhaupt
in Schweigen hüllten, obwohl sie im Lande waren, dann ging
Rudolf Herrnstadt, der Kandidat des Politbüros und Chefredakteur des *Neuen Deutschland*, in seiner Abweichung von
der Parteilinie am weitesten. Offen gab er zu, daß die Arbeiter
Grund zum Streik gehabt hätten. Sie hätten zu Recht demonstriert, wenn auch das Fatale sei, daß sie mit ihrem Streik in
den westlichen Putschversuch hineingeraten seien und damit –
was ihnen völlig ferngelegen habe – sachfremde Interessen unterstützt hätten. Ähnlich, wenn auch weniger geschickt, versuchte der SED-Parteischriftsteller Kurt Barthel (abgekürzt
»Kuba«) zu argumentieren, wenn er Mißstände zugab, dann
aber beschwörend fortfuhr, Gewalt sei doch gar nicht mehr
notwendig gewesen, nachdem die Regierung den »Neuen
Kurs« eingeschlagen habe.

Auch Anton Ackermann, Kandidat des Politbüros und Staatssekretär im Außenministerium, und vor allem Ministerpräsident Otto Grotewohl gingen in ihren Ansprachen von dem
Eingeständnis aus, daß die Regierung an den miserablen Zu-
ständen des Frühjahrs schuld gewesen sei. Sie habe Fehler
gemacht und deshalb den »Neuen Kurs« einschlagen müssen,
der fälschlich von der Bevölkerung als Bankrotterklärung aufgefaßt worden sei. Von beiden Rednern wurde zwar die Pro-
vokationsthese mit keinem Wort angetastet, aber doch still-
schweigend sehr abgeschwächt.

Eine dritte Gruppe endlich beschränkte sich darauf, sozial-

und wirtschaftspolitische Forderungen zu erörtern, und unterließ es gänzlich, den 17. Juni und seine Vorgeschichte überhaupt anzuschneiden. Diese Tendenz, gewissermaßen »praktizistisch« mit den Ereignissen fertig zu werden, zeigte sich am deutlichsten in allen fünf Reden des Politbüromitglieds und stellvertretenden Ministerpräsidenten Heinrich Rau.

Die Meinungsverschiedenheiten und Machtkämpfe im SED-Führungskern sind erst Ende Juli nach außen gedrungen; danach brauchte Ulbricht noch Monate, bis er seine beiden Hauptgegner, Herrnstadt und Zaisser, die er zunächst nur aus dem Politbüro hatte verdrängen können, auch aus der Partei ausschließen lassen konnte. Zwar weiß man im Westen immer noch wenig darüber, was seine Widersacher im einzelnen wirklich gewollt haben, wie sie vorgegangen sind und vor allem wann sie ihre oppositionellen Vorschläge entwickelt haben. Was bekannt ist, stammt aus den Reden, in denen die siegreiche Ulbricht-Gruppe sich mit ihnen auseinandergesetzt hat, und man darf bezweifeln, daß sie bei dieser Gelegenheit eine abgewogene und gerechte Darstellung geben wollte. Aber in großen Zügen kann man sich ein Bild machen. Rudolf Herrnstadt und Wilhelm Zaisser, zeitweise unterstützt von Anton Ackermann und Elli Schmidt (der später vorgehalten wurde, im Politbüro »eine der gröbsten Formulierungen« gegen Ulbricht gebraucht zu haben) und gedeckt von den »Versöhnlern« Hans Jendretzky und Heinrich Rau, »traten als parteifeindliche Fraktion mit einer defätistischen, gegen die Einheit der Partei gerichteten Linie auf« – wie es im Kommuniqué der 15. ZK-Tagung hieß – »und vertraten eine verleumdende, auf die Spaltung der Parteiführung gerichtete Plattform«. Was steckt hinter diesen vagen, ja irreführenden Formulierungen? Die Plattform, eine schriftlich ausgearbeitete interne Diskussionsgrundlage, hat es tatsächlich gegeben; das Politbüro hat sie am 16. Juni 1953 zur gleichen Zeit diskutiert, als sich die

Bauarbeiter zum Demonstrationszug formierten. Inhalt der Plattform war eine scharfe Kritik der bisherigen SED-Politik, Reformforderungen in der Wirtschaft und im Staatsapparat, vor allem aber die Bereitschaft zu einer völligen Reorganisation der Partei. Sie sollte (wie Hermann Matern auf dem IV. Parteitag zitierte) »zur Partei des Volkes werden«, »die berechtigten Interessen auch der anderen Klassen und Klassenteile vertreten«. Voraussetzung aller dieser Vorhaben war die Ablösung Ulbrichts, der die bisherige Linie der Partei verkörpert und verantwortet hatte. Ulbricht und seine Anhänger haben von der Herrnstadt-Zaisser-Gruppe behauptet, ihr Reformprogramm wäre der Restaurierung des Kapitalismus in der DDR gleichgekommen; sie haben behauptet, Zaisser habe sogar mit der Möglichkeit gerechnet, daß zur Erhaltung des Friedens die DDR aufgegeben werden müsse, was bekanntlich der Absicht Berijas entsprochen habe. Zaisser hat bestritten, sich in diesem Sinne geäußert zu haben. Es ist in der Tat wenig wahrscheinlich, daß die Partei-Opposition so pessimistische Erwägungen anstellte. Denn sie war sich mit Ulbricht über das Ziel eines sozialistischen Deutschlands völlig einig; die Meinungsverschiedenheiten betrafen nur den Weg, den man einschlagen, die Mittel, die man anwenden, die Taktik, derer man sich bedienen müsse, um dieses Ziel am schnellsten und besten zu erreichen.

Herrnstadt und Zaisser, die wahrscheinlich (neben Ulbricht) die besten persönlichen Beziehungen zu führenden sowjetischen Genossen hatten und sich sicherlich für ihre Plattform Rückendeckung gesucht hatten, haben sich in der SED-Führung vor allem aus zwei Gründen nicht durchsetzen können. Zum einen haben die Verhaftung und der Sturz Berijas wenige Tage nach dem Juni-Aufstand die SED-Opposition in ein schiefes Licht und dadurch um ihre Chancen gebracht. Ulbricht hat Ende Juli 1953 behauptet, daß Berija durch zwei

Sonderbeauftragte in Ostberlin ohne Wissen des Politbüros Verhandlungen geführt und Herrnstadt wie Zaisser dabei den Auftrag gegeben habe, ihn, Ulbricht, zu stürzen. Die Zentrale Parteikontrollkommission der SED hat nach den Worten Hermann Materns auf dem IV. Parteitag trotz eingehender Nachforschungen »keine Hinweise auf direkte Einwirkungen des Verbrechers Berija« entdecken können.[38] Sie hat lediglich festgestellt, man müsse »die fraktionelle Tätigkeit von Herrnstadt/Zaisser ... im Zusammenhang« der Tatsachen sehen, die aus den Veröffentlichungen über den Berija-Prozeß bekanntgeworden seien. Diesen Zusammenhang zeigen die Beschuldigungen an, die gegen Berija erhoben wurden und die den Vorwürfen gegen Herrnstadt und Zaisser gleichen. Wie die Mitglieder des SED-Zentralkomitees auf ihrer 15. Tagung aus einem internen Moskauer Rundschreiben entnehmen konnten, wurde Berija vorgeworfen, eine »kapitulantenhafte« Politik getrieben zu haben, die den Kapitalismus restauriert hätte, gegen die Landwirtschaftlichen Produktionsgenossenschaften und gegen den Aufbau des Sozialismus in Deutschland aufgetreten und in seiner Kompromißbereitschaft so weit gegangen zu sein, daß seine Politik zur Aufgabe des Sozialismus in der DDR hätte führen können. Malenkow wurde nach seinem Sturz in diese Anklage einbezogen.[39] Der Wahrheitsgehalt solcher Vorwürfe ist fraglich; denn die Absicht der Ankläger ist offenkundig: die eigene Stellung zu festigen, indem man den ausgeschalteten Konkurrenten diskreditiert. Seit vielen Jahren gibt es in der Sowjetunion einen Personenkult mit umgekehrten Vorzeichen, in dem Berija etwa den gleichen Platz 1953 einnahm wie Trotzki eine Generation früher[40], und die angebliche Bereitschaft, im Zuge einer neuen Politik die Interessen der DDR zu verraten und notfalls die DDR opfern zu wollen, ist zu einem beliebten Vorwurf unter politischen Gegnern im Ostblock geworden, wie die wiederholten und wechselseitigen Verdächtigungen des sowjetischen und chinesischen Lagers zeigen. Was immer aber Berija, Herrnstadt und Zaisser wirklich gewollt haben mögen – die Tatsache, daß sich eine Verbindung zwischen dem gestürzten Chef des sowjetischen Staatssicherheitsdienstes, dem unmittelbaren Vorgesetzten Zaissers, und den deutschen Ulbricht-Gegnern konstruieren ließ, hat es Ulbricht sehr erleichtert, der Lage Herr zu werden.

Vielleicht hätte er dennoch das Scheitern seiner Politik und die Niederlage seiner Partei im Juni 1953 nicht überlebt, wenn es Moskau nicht offenbar nach dem Juniaufstand für bedenklich gehalten hätte, Ulbricht abzulösen. Mußte Ulbrichts Sturz nicht als Zugeständnis an die Aufrührer aufgefaßt und damit als Ermutigung zu neuen Forderungen verstanden werden? Hier liegt der zweite, der entscheidende Grund für den Fehlschlag des Versuchs, Ulbricht als Parteiführer auszuschalten. Nicht trotz, sondern wegen der Schwäche, die der SED-Staat am 17. Juni gezeigt hatte, konnte sich Ulbricht behaupten, mußte ihn Moskau stützen, statt ihn zu stürzen. Die aufbegehrenden Arbeiter und die konspirierenden Spitzenfunktionäre haben ihn in ungewolltem Zusammenwirken nicht zu Fall gebracht, sondern gemeinsam vor dem drohenden Fall bewahrt.

Schlußbemerkung

Lenin hat mehrfach die Bedingungen untersucht, die erfüllt
sein müssen, wenn eine »konkrete revolutionäre Situation«
gegeben sein soll. Ihre klassische Beschreibung findet sich in
seiner Abhandlung über den »Zusammenbruch der II. Internationale« aus dem Jahre 1915. Danach sind die drei Haupt-
merkmale einer revolutionären Situation:
»1. Die Unmöglichkeit für die herrschenden Klassen, ihre
Herrschaft in unveränderter Form aufrechtzuerhalten; diese
oder jene Krise der ›Spitzen‹, Krise der Politik der herrschenden Klasse, die einen Riß erzeugt, durch den die Unzufriedenheit und Empörung der unterdrückten Klassen her-
vorbricht . . .
2. Verschärfung der Not und des Elends der unterdrückten
Klasse über das gewohnte Maß hinaus.
3. Beträchtliche – aus den angeführten Ursachen sich herlei-
tende – Steigerung der Aktivität der Massen, die in einer
›friedlichen‹ Epoche sich ruhig ausplündern lassen, in stürmi-
schen Zeiten aber durch die ganzen Verhältnisse der Krise . . .
zur selbständigen historischen Aktion herangezogen werden.«[41]
Diese drei Merkmale waren in der DDR des Frühjahrs 1953
gegeben.
1. Die DDR war das erste Land des Ostblocks, in dem nach

Stalins Tod eine offene Kursschwenkung vorgenommen wurde; der vorher rasch und rücksichtslos vorangetriebene Aufbau des Sozialismus wurde stillgelegt, das bereits Erreichte zum Teil wieder rückgängig gemacht. Da sich Ausmaß, Bedeutung und Folgen dieses völlig unerwarteten Kurswechsels zunächst nicht übersehen ließen, führte dieser zu einer tiefen Unsicherheit aller Funktionäre der Staatspartei – gleichgültig, ob sie in den Berliner Zentralen oder auf dem flachen Lande, ob sie im Parteiapparat, in der Verwaltung oder in den bewaffneten Streitkräften arbeiteten.

2. Der Kurswechsel war indessen notwendig geworden, weil die wirtschaftlichen und finanziellen Kräfte des Landes den Anforderungen des Umbaus und Ausbaus der DDR zu einer Volksdemokratie nicht gewachsen waren. Das starke Ansteigen der Fluchtbewegung und die außerordentlich schlechte Ernährungs- und Versorgungslage seit dem Herbst 1952 zeigten deutlich, daß man zu weit gegangen war, sich zuviel auf einmal vorgenommen hatte.

3. Als die trotz aller Schwierigkeiten und Entbehrungen und gegen den erklärten Willen der Arbeiter Ende Mai 1953 angeordnete Normenerhöhung mit dem »Neuen Kurs« nicht wegfiel, breiteten sich rasch unter den Arbeitern Unzufriedenheit und Unruhe aus, die zu den Streiks und – unter Teilnahme anderer Bevölkerungsteile – zu den Demonstrationen vom 16./17. Juni geführt haben.

Verglichen mit diesen drei Faktoren sind andere Ursachen der Erhebung – wie etwa die Transmissionstätigkeit der westlichen Rundfunkstationen – nur von zweitrangiger Bedeutung gewesen. Mir scheint daher, daß die Leninsche These in einer von ihm kaum vorausgeahnten Weise die Hauptursachen des 17. Juni treffend umschreibt: die Unsicherheit in den kommunistischen Führungsschichten, die äußerst schwierige Ernährungs- und Wirtschaftslage und die zur Entladung drängende

Erregung der Arbeiterschaft. Freilich hätte einen Theoretiker und Praktiker der Revolution wie Lenin das Scheitern des Aufstandes nicht überrascht. Es war für ihn selbstverständlich, »daß keine einzige revolutionäre Bewegung ohne eine stabile . . . Führungsorganisation Bestand haben«[42] kann. An dieser Führung, erst recht an dieser Organisation hat es den rebellierenden Arbeitern, hat es der DDR gefehlt.

Kann sich ein 17. Juni in der DDR wiederholen? Wenn man sich erinnert, daß kurz vor dem Juniaufstand die Historiker Gerhard Ritter und Walter Görlitz behauptet haben, es gäbe keine Volksbewegung gegen moderne Tyranneien, wird man mit Prophezeiungen besser vorsichtig sein. Andererseits ist sicher, daß nur das Zusammentreffen mehrerer ganz verschiedener Faktoren den 17. Juni – wie auch die späteren Erhebungen im Ostblock – ermöglicht hat; solche Konstellationen sind selten. Selbst die Nachfolgekrise nach dem Sturz Chruschtschows in der Sowjetunion traf die DDR unter anderen Voraussetzungen als zwölf Jahre zuvor.

Sie hat sich inzwischen nach außen wie im Innern trotz vieler Widerstände und Unsicherheiten konsolidiert. Seit Sommer 1955 wiederholt die Sowjetunion unbeirrt, daß die DDR ein zweiter deutscher Staat sei, ohne dessen Zustimmung keine dauerhafte Lösung der Probleme Mitteleuropas gefunden werden könne. Ulbricht, dann Honecker und ihre Richtung in der Parteiführung sind unangefochten an der Macht; Moskau steht – soweit wir wissen – hinter ihnen, und in der SED gibt es jedenfalls in den oberen Rängen, die allein zählen, keine Gegner mehr. Nichts wäre verfehlter als die Annahme, mächtige Kräfte in der DDR drängten auf die revolutionäre Ersetzung der herrschenden Klasse und ihres Systems. Die bittere Erfahrung der westlichen Tatenlosigkeit am 17. Juni, im Oktober 1956, am 13. August 1961 hat das Ihre dazu beigetragen, mit der Resignation in der Bevölkerung zugleich die Einsicht zu verbreiten, daß man sich mit dem Regime arrangieren müsse, zumal man auf unabsehbare Zeit dem Ostblock angehören werde.

Vieles ist noch im Fluß, aber die großen Linien sind nicht zu übersehen. Die Zeiten deuten auf Wandlungen, nicht auf Umwälzungen, auf Evolution und nicht auf Revolutionen.

Anhang

Abkürzungen

BASA	Eisenbahntelefonleitung
BGL	Betriebsgewerkschaftsleitung
BKV	Betriebskollektivvertrag
CDU	Christlich-Demokratische Union
CSU	Christlich-Soziale Union
DBD	Demokratische Bauernpartei Deutschlands
DDR	Deutsche Demokratische Republik
DFD	Demokratischer Frauenbund Deutschlands
DGB	Deutscher Gewerkschaftsbund
DIA	Deutscher Innen- und Außenhandel
EKO	Eisenhüttenkombinat Ost
EVG	Europäische Verteidigungsgemeinschaft
FDGB	Freier Deutscher Gewerkschaftsbund
FDJ	Freie Deutsche Jugend
FDP	Freie Demokratische Partei
HO	Handelsorganisation
KPdSU	Kommunistische Partei der Sowjetunion
KPD	Kommunistische Partei Deutschlands
KVP	Kasernierte Volkspolizei
LDP	Liberal-Demokratische Partei
LPG	Landwirtschaftliche Produktionsgenossenschaft
NÖP	Neue ökonomische Politik
RIAS	Rundfunk im Amerikanischen Sektor

SED	Sozialistische Einheitspartei Deutschlands
SMA	Sowjetische Militär-Administration
SPD	Sozialdemokratische Partei Deutschlands
SSD	Staatssicherheitsdienst
TAN	Technisch begründete Arbeitsnormen
VdgB	Vereinigung der gegenseitigen Bauernhilfe
VEB	Volkseigener Betrieb
ZK	Zentralkomitee

Zeittafel

1952

26. und 27. Mai	In Bonn und Paris werden der Deutschland-Vertrag und der Vertrag über die Europäische Verteidigungsgemeinschaft unterzeichnet. Der Ministerrat der DDR beschließt eine Verordnung über Maßnahmen an der Demarkationslinie zwischen der DDR und der Bundesrepublik (Sperrzonenverordnung).
9.–12. Juli	II. Parteikonferenz der SED; der Aufbau des Sozialismus wird verkündet.
23. Juli	Die Volkskammer beseitigt durch Gesetz die bisherigen Länder und gliedert das Gebiet der DDR in Bezirke und Kreise.
24. Juli	Der Ministerrat der DDR gibt Vergünstigungen für die Landwirtschaftlichen Produktionsgenossenschaften bekannt.
10. Oktober	Der Staatssekretär im Ministerium für Handel und Versorgung, Paul Baender (SED), wird seines Amtes enthoben.
6. November	Ministerpräsident Otto Grotewohl rügt schwere Mängel in der Arbeit des Ministeriums für Handel und Versorgung.
27. November	Wegen der angespannten Versorgungslage in der DDR verbietet der Ostberliner Magistrat den Ver-

kauf von Lebensmitteln und Industriewaren an Westberliner.

15. Dezember Der Minister für Handel und Versorgung, Dr. Hamann (LDP), und Staatssekretär Albrecht (DBD) werden ihrer Ämter enthoben und verhaftet.

19. Dezember Die Regierung der DDR veröffentlicht Musterstatuten der Typen I–III für die Landwirtschaftlichen Produktionsgenossenschaften.

1953

15. Januar Die Staatliche Plankommission rügt »alarmierende Mängel« in den Volkseigenen Betrieben; der SED-Pressedienst greift die Gewerkschaften an, weil sie der dringenden Normenerhöhung keine Beachtung schenken.

3. Februar Das Zentralkomitee der SED beschließt einen »Feldzug für strenge Sparsamkeit« in der volkseigenen Wirtschaft.

5. März Tod Stalins.

19. März Der Bundestag stimmt in dritter Lesung dem Deutschland- und dem EVG-Vertrag zu.

15. April Die Sowjetführung rät der SED, den scharfen Kurs zu mildern.

16. April Der Präsident der Vereinigten Staaten, Dwight Eisenhower, sucht in einer außenpolitischen Rede die Möglichkeiten der Entspannung zu erkunden. Im *Neuen Deutschland* erscheint eine Rede Walter Ulbrichts, in der die rücksichtslose Fortsetzung des harten Kurses gefordert wird.

21. April Der politische Berater der Sowjetischen Kontrollkommission, Wladimir Semjonow, wird abberufen. Die Bischöfe der Ev.-Lutherischen Landeskirchen in Deutschland protestieren gegen den Kirchenkampf in der DDR; sie verurteilen besonders

das Vorgehen gegen Mitglieder der Jungen Gemeinde.

11. Mai   Der britische Premierminister Winston Churchill fordert in einer Unterhausrede eine Gipfelkonferenz zur Regelung aller zwischen West und Ost strittigen Fragen.

14./15. Mai   13. Tagung des Zentralkomitees der SED. In wiederholter Auswertung des Slansky-Prozesses wird u. a. Franz Dahlem aller Funktionen enthoben und aus dem Politbüro wie dem Zentralkomitee der Partei ausgeschlossen. Der Beschluß »Über die Erhöhung der Arbeitsproduktivität und die Durchführung strengster Sparsamkeit« fordert eine administrative Normenerhöhung in allen Volkseigenen Betrieben.

28. Mai   Die Sowjetregierung löst die Sowjetische Kontrollkommission auf. Deren früherer politischer Berater, W. Semjonow, wird zum Hohen Kommissar in Deutschland ernannt. Der Ministerrat der DDR ordnet eine generelle Erhöhung der Arbeitsnormen um mindestens zehn Prozent an.

29. Mai   Bundeskanzler Dr. Konrad Adenauer übermittelt dem Präsidenten Dwight Eisenhower ein Memorandum zur Frage der Wiedervereinigung auf Grund freier Wahlen und zur Frage eines Friedensvertrages mit Deutschland.

5. Juni   W. Semjonow trifft in Ostberlin ein.

9. Juni   Das Politbüro der SED beschließt, sofort einen »Neuen Kurs« einzuschlagen.

11. Juni   Der Ministerrat der DDR stimmt den vom Politbüro der SED vorgeschlagenen Maßnahmen zu, die dem »Neuen Kurs« dienen sollen.

14. Juni   In einem Artikel des *Neuen Deutschland* werden die bisherigen Methoden bei der Heraufsetzung der Normen scharf kritisiert.

16. Juni   Aus einem Aufsatz in der *Tribüne* geht klar hervor,

daß die SED an der Ende Mai beschlossenen Normenerhöhung auch unter dem »Neuen Kurs« festhalten will. Der Artikel löst Demonstrationen Ostberliner Bauarbeiter aus.

17. Juni   An mehr als 250 Orten der DDR kommt es zu Streiks, Demonstrationen und Massenkundgebungen.

21. Juni   14. Tagung des Zentralkomitees der SED; Beschluß »Über die Lage und die unmittelbaren Aufgaben der Partei«.

26. Juni   Lawrenti Berija wird – wie die *Prawda* am 9. Juli bekanntgibt – als erster stellvertretender Ministerpräsident und Innenminister der UdSSR abgesetzt und sämtlicher Funktionen beraubt.

16. Juli   Justizminister Max Fechner wird abgesetzt und verhaftet.

24.–26. Juli   15. Tagung des Zentralkomitees der SED; Beschluß über den »Neuen Kurs und die Aufgaben der Partei«. Staatssicherheitsminister Wilhelm Zaisser und der Chefredakteur des *Neuen Deutschland*, Rudolf Herrnstadt, werden aus dem Politbüro und dem Zentralkomitee der SED ausgeschlossen; Max Fechner wird aus dem Zentralkomitee und aus der Partei ausgestoßen. Anton Ackermann, Hans Jendretzky und Elli Schmidt werden nicht wieder zu Kandidaten des Politbüros gewählt.

1954

22./23. Januar   Die 17. Tagung des Zentralkomitees der SED beschließt, den früheren Chefredakteur des *Neuen Deutschland*, Rudolf Herrnstadt, und den ehemaligen Staatssicherheitsminister Wilhelm Zaisser aus der Partei auszuschließen. Der frühere Staatssekretär im Außenministerium, Anton Ackermann, wird aus dem Zentralkomitee ausgeschlossen und wegen seiner Unterstützung der Zaisser-Herrnstadt-Gruppe streng gerügt. Auch der frühere erste Sekretär der SED-Bezirksleitung Berlin, Hans Jendretzky, und die frühere erste Vorsitzende des DFD, Elli Schmidt, erhalten aus diesem Grunde eine Rüge.

Literaturhinweise

Einen guten Überblick über die Ereignisse des 16. und 17. Juni in Berlin und an den verschiedenen Orten der DDR geben die mitreißend geschriebenen, aber in Einzelheiten notgedrungen nicht zuverlässigen Reportagen etwa von Stefan Brant (= Klaus Harpprecht) unter Mitarbeit von Klaus Bölling, *Der Aufstand, Vorgeschichte, Geschichte und Deutung des 17. Juni 1953*, Stuttgart 1954, Joachim G. Leithäuser, *Der Aufstand im Juni. Ein dokumentarischer Bericht* (Sonderdruck aus den Heften 60 und 61 – September/Oktober 1953 – des *Monat*), Berlin 1954, und Rainer Hildebrandt, *Als die Fesseln fielen . . . Neun Schicksale in einem Aufstand*, Berlin 1956. Meine Hauptquelle waren mehrere hundert Augenzeugenberichte, die ich bei verschiedenen Institutionen und Verbänden in Westberlin einsehen konnte. Darüber hinaus sind besonders wichtig zwei Darstellungen aus der Feder damaliger SED-Funktionäre: Heinz Brandt erlebte den Frühsommer 1953 als Sekretär für Agitation und Propaganda der SED-Bezirksleitung Berlin und hielt seine Erlebnisse in einem maschinenschriftlichen Gedächtnisprotokoll »Die Tragödie des 17. Juni 1953« fest, das inzwischen in seinem Erinnerungsbuch *Ein Traum, der nicht entführbar ist. Mein Weg zwischen Ost und West*, München 1967, S. 207 ff. erschienen ist; Fritz Schenk konnte als persönlicher Referent Bruno Leuschners die Ereignisse in und vor dem Haus der Ministerien beobachten und hat darüber in seinem Erinnerungsbuch *Im Vorzimmer der Diktatur. Zwölf Jahre Pankow*, Köln-Berlin 1962, berichtet. Ergänzend dazu vom selben Autor *Magie der Planwirtschaft*, Köln-Berlin 1960. Für die Beurteilung der Rolle des RIAS unentbehrlich *Der Aufstand der Arbeiterschaft im Ostsektor von Berlin und in der sowjetischen Besatzungszone Deutschlands. Tätigkeitsbericht der Hauptabteilung Politik des Rundfunks im Amerikanischen Sektor in der Zeit vom 16. Juni bis zum 23. Juni 1953* mit dem Wortlaut aller Sendungen der kritischen Tage. Zum Widerstand in der DDR seit ihrem Bestehen Karl Wilhelm Fricke, *Selbstbehauptung und Widerstand in der Sowjetischen Besatzungszone Deutschlands*, Bonn und Berlin 1964, und – von einem anderen Blickwinkel aus – die materialreiche Studie von Martin Jänicke, *Der dritte Weg. Die antistalinistische Opposition gegen Ulbricht seit 1953*, Köln 1964; beide Arbeiten können den Leser leicht veranlassen, das Gewicht oppositioneller Kräfte in der DDR und auch innerhalb der Partei zu überschätzen.

Weitere Hinweise, vor allem auf Zeitschriftenaufsätze, sind meiner M.A.-These »June 17th, 1953« (Columbia University, New York 1957) zu entnehmen, auf der die gegenwärtige Studie teilweise fußt und die in einer gekürzten deutschen Fassung mehrfach – zuletzt 1959 – als Bonner Bericht erschienen ist. Den Bedenken, die Thilo Ramm in seiner Schrift *Der 17. Juni, Tag der deutschen Einheit*, Neuwied 1953, gegen einzelne Punkte dieses Berichts äußert, bin ich sorgfältig nachgegangen.

Die allgemeine Entwicklung der DDR vor und nach dem 17. Juni konnte ich nur andeuten. *Das* grundlegende wissenschaftliche Werk über die DDR, auf das man hinweisen könnte, gibt es bis heute nicht. Das für einen breiteren Leserkreis gedachte Buch von Ernst Richert, *Das zweite Deutschland. Ein Staat, der nicht sein darf*, Gütersloh 1964, stellt die DDR in der lockeren Form geistreicher und anregender Essays dar. Vom selben Verfasser ist zu Anfang der sechziger Jahre eine Zwischenbilanz der DDR erschienen: *Die Sowjetzone in der Phase der Koexistenzpolitik*, Hannover 1961. Für den hier behandelten Zeitraum muß man immer noch einige ältere Arbeiten zu Rate ziehen wie die – leider etwas unübersichtliche – Untersuchung von Horst Duhnke, *Stalinismus in Deutschland. Die Geschichte der sowjetischen Besatzungszone*, Rote Weißbücher, Köln 1955, und auch J. Peter Nettl, *Die deutsche Sowjetzone bis heute. Politik – Wirtschaft – Gesellschaft*, Frankfurt am Main 1953. Eine charakteristische ostdeutsche Darstellung stammt von Stefan Doernberg, *Kurze Geschichte der DDR*, Ostberlin 1964.

Aufschlußreich ist der Sammelband des französischen Gelehrten Georges Castellan, *D.D.R., Allemagne de l'Est*, Paris 1955, während das Taschenbuch Castellans, *La République Démocratique Allemande*, Que sais-je Nr. 964, Paris 1961, eine – in ihrer Einseitigkeit interessante – Propagandaschrift ist; dazu Alfred Grosser, »Was weiß ich vom besseren Deutschland?« im *Monat* Heft 163 (April 1962) S. 84 ff. Viele nützliche Hinweise enthalten die vom Bundesministerium für gesamtdeutsche Fragen herausgegebenen Nachschlagewerke *SBZ von A–Z. Ein Taschen- und Nachschlagebuch über die Sowjetische Besatzungszone Deutschlands, 9. Auflage*, Bonn 1965, und *SBZ-Biographie. Ein biographisches Nachschlagebuch über die Sowjetische Besatzungszone Deutschlands*, 3. Auflage, Bonn 1964. Im übrigen gibt es wichtige Veröffentlichungen über Teilgebiete der DDR-Wirklichkeit. Sehr lehrreich ist der von Peter Christian Ludz herausgegebene Sammelband *Studien und Materialien zur Soziologie der DDR*, Sonderheft 8 der Kölner Zeitschrift für Soziologie und Sozialpsychologie, Köln und Opladen 1964, mit mehreren bedeutsamen Beiträgen. Ernst Richert hat eine weit ausholende wissenschaftliche Darstellung des gesamten Staatsapparats der DDR geschrieben: *Macht ohne Mandat. Der Staatsapparat in der Sowjetischen Besatzungszone Deutschlands*. Mit einer Einleitung von Martin Drath, 2. Auflage, Köln und Opladen 1963. In einem sorgfältigen Vergleich von Verfassungsrecht und Verfassungsentwicklung ergänzt ihn Siegfried Mampel, *Die Verfassung der sowjetisch besetzten Zone Deutschlands*, Text und Kommentar, Frankfurt am Main und Berlin 1962, und »Die Entwicklung der Verfassungsordnung in der sowjetisch besetzten Zone Deutschlands von 1945 bis 1963«, im *Jahrbuch des öffentlichen Rechts*, Band 13 (1964), S. 455 ff.; von M. stammt auch die kurz einführende Studie: *Die volksdemokratische Ordnung in Mitteldeutschland. Texte zur verfassungsrechtlichen Situation mit einer Einleitung*, Frankfurt am Main und Berlin 1963. Immer noch lesenswert ist Martin Drath, *Verfassungsrecht und Verfassungswirklichkeit in der Sowjetischen Besatzungszone. Untersuchungen über Legalität, Loyalität und Legitimität*, 4. Auflage, Bonn 1956. Parteiapparat, Geschichte und Führungsgruppe der SED hat vor allem Carola Stern untersucht: *Die SED. Ein Handbuch über Aufbau, Organisation und Funktion des Parteiapparates*, Köln o. J. (1954); *Porträt einer bolschewistischen Partei. Entwicklung, Funktion und Situation der SED*, Köln 1957; *Ulbricht, Eine politische Biographie*, Köln und Berlin 1964. Ergänzend muß man die Verlautbarungen der SED berücksichtigen, für den hier behandelten Zeitraum vor allem die *Dokumente der Sozialistischen Einheitspartei Deutschlands. Beschlüsse und Erklärungen des Zentralkomitees sowie seines Politbüros und seines Sekretariats*, Band IV, Ostberlin 1954, und das *Protokoll des IV. Parteitages der Sozialistischen Einheitspartei Deutschlands*, zwei Bände Ostberlin 1954. Über die wirtschaftliche Entwicklung der DDR unterrichtet Guy Roustang, *Développement économique de l'Allemagne orientale depuis 1945*, Paris 1963. Zur Sozialstruktur und zur Klassenschichtung in der DDR u. a. Werner Bosch, *Die Sozialstruktur in West- und Mitteldeutschland*, Bonn 1958, und Kurt Lungwitz, *Über die Klassenstruktur in der DDR*, Ostberlin 1962. In das Arbeitsrecht und die Sozialpolitik der DDR führen ein Siegfried Mampel und Karl Hauck, *Sozialpolitik in Mitteldeutschland*, Heft 48 der vom Bundesministerium für Arbeit und Sozialordnung herausgegebenen Reihe »Sozialpolitik in Deutschland«, Stuttgart 1961.

Der 17. Juni ist nur zu verstehen, wenn man die Innen- und Außenpolitik der Sowjetunion nach Stalins Tod in großen Umrissen kennt; dazu etwa Wolfgang Leonhard, *Kreml ohne Stalin*, 3. Auflage, Köln und Berlin 1963, das Schlußkapitel in Leonard Shapiro, *Die Geschichte der Kommunistischen Partei der Sowjetunion*, Frankfurt am Main 1962, und die scharfsinnigen Kombinationen über Machtverschiebungen in der Sowjetführung von Robert Conquest, *Power and Policy in the U.S.S.R.. The Study of Soviet Dynastics*, London 1961, S. 195 ff.; speziell über die Außenpolitik David J. Dallin, *Sowjetische Außenpolitik nach Stalins Tod*, Köln und Berlin 1961, und J. M. Mackintosh, *Strategie und Taktik der sowjetischen Außenpolitik*, Stuttgart 1963. Die grundlegende Untersuchung des Umstrukturierungsprozesses im Ostblock seit dem Tode Stalins stammt von Zbigniew K. Brzezinski, *Der Sowjetblock. Einheit und Konflikt*, Köln und Berlin 1962. Daneben sollte man die Arbeit von William E. Griffith,

The Eastern European Thaw, Cambridge (Mass.) 1961, zu Rate ziehen. Diese Arbeit ist bisher nur als Manuskript vervielfältigt worden, wird aber demnächst auch in Buchform erscheinen. Richard Löwenthals *Chruschtschow und der Weltkommunismus*, Stuttgart 1963, setzt erst 1955 ein, der Epilog »Von den Etappen der kommunistischen Weltbewegung« ist indessen auch für das Verständnis der Vorgänge des Jahres 1953 wichtig; ergänzend ist auf frühere Aufsätze des Autors hinzuweisen, vor allem auf die in Heft 60 (September 1953) des *Monat* erschienene Abhandlung »Am Ende einer Epoche – Die Umwälzungen im russischen Großreich«.

Für einen Vergleich zwischen dem »Neuen Kurs« in der DDR Anfang Juni und dem »Neuen Kurs« in Ungarn Ende Juni 1953 ist außerdem vor allem der Rechenschaftsbericht Imre Nagys (*Politisches Testament*, München 1959) heranzuziehen. Für den Vergleich des 17. Juni 1953 mit den polnischen und ungarischen Ereignissen drei Jahre später sind darüber hinaus unerläßlich: für Ungarn das von Melvin J. Lasky herausgegebene Weißbuch des Kongresses für die Freiheit der Kultur, *Die ungarische Revolution*, Berlin 1958, der Bericht des Ungarn-Sonderausschusses der Vereinten Nationen, der – gekürzt – als Herder-Taschenbuch Nr. 9 (*Was in Ungarn geschah. Der Untersuchungsbericht der Vereinten Nationen*, Freiburg 1957) erschienen ist, sowie *Der Fall Imre Nagy. Eine Dokumentation*. Mit einem Vorwort von Albert Camus. Köln und Berlin 1959; für Polen vor allem Wanda Bronska-Pampuch, *Polen zwischen Hoffnung und Verzweiflung*, Köln 1958. Die dauerhaften Errungenschaften des Polnischen Oktobers zeigt sehr klar Hansjakob Stehle, *Nachbar Polen*, Frankfurt am Main 1963.

Köln, im Sommer 1965

Eine neuere, materialreiche Studie über die Erhebung stammt von Axel Bust-Bartels, »Der Arbeiteraufstand am 17. Juni 1953. Ursachen, Verlauf und gesellschaftspolitische Ziele«, in der *Beilage zur Wochenzeitung Das Parlament: Aus Politik und Zeitgeschichte* (B 25/80) vom 21. Juni 1980, S. 24 ff.; hilfreich auch die an gleicher Stelle am 10. Juni 1978 (B 23/78) S. 51 ff. erschienene »Bibliographie zu den Ereignissen des 17. Juni 1953« von Heinz Theisen. Anregend

wegen der spezifisch linken Perspektive des Autors, eines Politikwissenschaftlers vom Otto-Suhr-Institut, der inzwischen als alternativer Vertreter auch im Berliner Abgeordnetenhaus sitzt, ist die Studie von Martin Jänicke, »Krise und Entwicklung in der DDR – der 17. Juni und seine Folgen«, in: Hartmut Elsenhans und Martin Jänicke (Hg.), *Innere Systemkrisen der Gegenwart. Ein Studienbuch zur Zeitgeschichte.* Reinbek 1975, S. 148 ff.
Berlin, im Herbst 1982

Um die Zahl und den Umfang der folgenden Anmerkungen zu beschränken, wird auf die genannten Veröffentlichungen, denen meine Studie viele Einsichten und Hinweise verdankt, nur dann besonders hingewiesen, wenn der Fundort von Zitaten anzugeben ist.

Anmerkungen

1 *Dokumente der SED*, Band IV, S. 73

2 Fred Oelßner, *Die Übergangsperiode vom Kapitalismus zum Sozialismus in der Deutschen Demokratischen Republik*, Deutsche Akademie der Wissenschaften zu Berlin, Vorträge und Schriften, Heft 56, Ostberlin 1955, S. 30

3 Zur Periodisierung des gesellschaftlichen Umwandlungsprozesses in der DDR siehe den vorzüglichen Aufsatz von Hartmut Zimmermann »Probleme der Analyse bolschewistischer Gesellschaftssysteme. Ein Diskussionsbeitrag zur Frage der Anwendbarkeit des Totalitarismusbegriffs« in den *Gewerkschaftlichen Monatsheften*, 12. Jhrg., Heft 4, April 1961, S. 193 ff. (200 ff.), sowie von östlicher Seite den *Grundriß der Geschichte der deutschen Arbeiterbewegung*, Ostberlin 1963, Kapitel XII und XIII, und dazu den Abschnitt »Zur neuen Periodisierung der fünften Hauptperiode der Geschichte der deutschen Arbeiterbewegung« im Aufsatz Walter Ulbrichts »Vergangenheit und Zukunft der deutschen Arbeiterbewegung«, *Neues Deutschland* vom 14. April 1963, Teilabdruck im *SBZ-Archiv*, 14. Jhrg., Heft 10, Mai 1963, S. 159 ff.

4 Gerhard Haas, *Der FDGB 1954*, Bonn 1954, S. 11

5 »Der Kollege Zschau und der Kollege Brumme«, *Neues Deutschland* vom 15. Oktober 1951

6 Werner Wolf in der *Täglichen Rundschau* vom 26. März 1953

7 *Einheit*, 8. Jhrg., Heft 5, Mai 1953, S. 661

8 *Einheit*, 7. Jhrg., Heft 12, Dezember 1952, S. 1306 f.

9 Otto Grotewohl, »Die gegenwärtige Lage und der neue Kurs der Partei«, in: *Der Neue Kurs und die Aufgaben der Partei*, Ostberlin 1953, S. 9

10 Der Generalsekretär der tschechoslowakischen kommunistischen Partei, Rudolf Slansky, war 1952 zum Tode verurteilt und hingerichtet worden. Die SED hatte die Erfahrungen dieses Prozesses bereits im Dezember 1952 ausgewertet (siehe den Beschluß des ZK vom 20. Dezember 1952, *Dokumente der SED*, Band IV, S. 199 ff.), mußte jedoch einige Monate später feststellen, daß ihre Beschlüsse vielerorts nicht beherzigt worden waren; daher beschäftigte sich das 13. ZK-Plenum erneut mit dem Slansky-Prozeß. Slansky wurde im Spätsommer 1963 strafrechtlich rehabilitiert.

11 »Über die Auswertung des Beschlusses des Zentralkomitees zu den ›Lehren aus dem Prozeß gegen das Verschwörerzentrum Slansky‹«, *Dokumente der SED*, Band IV, S. 394 ff.

12 »Über die Erhöhung der Arbeitsproduktivität und die Durchführung strengster Sparsamkeit«, *Dokumente der SED*, Band IV, S. 410 ff. (411 f.) Siehe Dok. I

13 Fritz Schenk, *Im Vorzimmer der Diktatur*, Köln-Berlin 1962, S. 186

14 *Neues Deutschland* vom 24. Juni 1951

15 »Wie mit Hilfe sowjetischer Erfahrungen der Bürokratentrott in der Bau-Union Berlin überwunden wurde«, *Neuer Weg*, Heft 24, 1952, S. 46 ff. (47)

16 »Wie kämpfen wir um die Verwirklichung des ökonomischen Grundgesetzes des Sozialismus?«, *Neuer Weg*, Heft 7, 1953, S. 26

17 »Die Partei ruft die Bauarbeiter der Stalin-Allee zum Kampf für höhere Normen«, *Neues Deutschland* vom 10. April 1953

18 »Es ist Zeit, den Holzhammer beiseite zu legen«, *Neues Deutschland* vom 14. Juni 1953. Siehe Dok. IV.

19 Das Urteil des Ostberliner Stadtgerichts vom 26. Mai 1954 ist abgedruckt in *Unrecht als System. Dokumente über planmäßige Rechtsverletzungen in der Sowjetzone Deutschlands*. Zusammengestellt vom Untersuchungsausschuß Freiheitlicher Juristen, her-

ausgegeben vom Bundesministerium für gesamtdeutsche Fragen. Teil II, 1952–1954. Bonn 1955, S. 127 ff.

20 Grotewohl aaO. (Anm. 9) S. 32

21 *Die Menschen vom 17. Juni. Soziologische Untersuchung einer aktivistischen Minderheit.* KgU-Archiv. Material der Kampf- gruppe gegen Unmenschlichkeit, S. 3; Winkler, *Warum 17. Juni?*, Berlin 1954, S. 5; Materialzusammenfassung des Bundesministe- riums für gesamtdeutsche Fragen (Archiv Friesdorf), Anhang IX

22 Grotewohl aaO. (Anm. 9) S. 32; siehe auch *Statistisches Jahrbuch der DDR*, Ostberlin 1955, S. 94

23 Hans Köhler, *Zur geistigen und seelischen Situation der Menschen in der Sowjetzone*, Bonn 1952, S. 38; zum Vorhergehenden S. 30 ff., 38, 23 ff., 36 ff.

24 P. H. Seraphim, *Die Heimatvertriebenen in der Sowjetzone*, Berlin 1954, S. 96

25 Willy Brandt, *Arbeiter und Nation*, Bonn 1954, S. 36

26 Der Beschluß vom 19. Mai 1953 über »Die Umgestaltung Magde- burgs zu einer sozialistischen Großstadt und die Aufgaben der Partei« findet sich in den *Dokumenten der SED*, Band IV, S. 418 ff.; das Zitat aus der Rede Otto Grotewohls auf dem 15. ZK-Plenum aaO. (Anm. 9) S. 32, der Hinweis auf den Sozialde- mokratismus im Beschluß dieser ZK-Tagung in den *Dokumenten der SED*, Band IV, S. 454.

27 *Neuer Weg*, Heft 23, 1952, S. 45

28 *Dokumente der SED*, Band IV, S. 455. Die von der SED behaup- tete Umschichtung innerhalb der Arbeiterschaft der DDR nach dem Kriege ist auch von westlichen Untersuchungen bestätigt worden; siehe Karlheinz Meiler (Pseudonym), »Standen die ›Bür- gerlichen‹ abseits? Der 17. Juni 1953 soziologisch untersucht«, *Deutsche Monatshefte für Politik und Kultur*, Juli-August 1962, Heft 7/8, S. 31 ff. Meilers übrigen Behauptungen, denen ein sehr beschränktes und einseitiges Zahlenmaterial und vor allem ein problematischer Begriff der Elite zugrunde liegen, ist *Der Spiegel*, Nr. 15/1963, S. 30 ff., entgegengetreten.

29 Schenk aaO. (Anm. 13) S. 204

30 Vgl. das KgU-Archiv *Die Menschen vom 17. Juni*, S. 9, und das Kommuniqué der Sitzung des Ministerrates der DDR vom 25. Juni 1953, abgedruckt im *Neuen Deutschland* vom 26. Juni 1953. Die viel höheren Zahlen in *SBZ von A–Z*, 8. Auflage, unter dem Stichwort »Juniaufstand« (die sich auch schon im *Parlament*, Nr. 24 vom 15. Juni 1955, fanden) scheinen nicht den Tatsachen zu entsprechen; der Verf. des betreffenden Absatzes hält – wie er mir sagte – nicht an ihnen fest. Seit der 1966 erschienenen 10. Auflage dieses Nachschlagewerks hieß es dort: »Die Verluste des Juni-Aufstands sind nicht genau zu ermitteln. Die Zahl der Toten dürfte in die Hunderte gehen, die der Verwundeten tausend überschreiten. Auch die Zahlenangaben über Opfer standrechtlicher Erschießungen konnten lange Zeit nicht genau errechnet werden. Heute dürfte feststehen, daß 17 Personen unmittelbar während des Aufstandes und weitere drei später willkürlich zum Tode verurteilt und getötet wurden. Genauere Angaben wurden über die Zahl der Opfer der dem Aufstand folgenden Rachejustiz errechnet. Danach wurden 1400 tatsächliche oder angebliche Teilnehmer zu insgesamt 4100 Jahren Zuchthaus, Arbeitslager oder Gefängnis verurteilt.«

31 Zitiert nach Heinrich Siegler, *Wiedervereinigung und Sicherheit Deutschlands*, 5. Auflage, Bonn, Wien und Zürich 1964, S. 38

32 Zitiert nach *Der Spiegel*, Nr. 26/1953, S. 6 ff.

33 Besonders von Rainer Hildebrandt, *Was lehrte der 17. Juni? Eine Denkschrift*, und »Fehler des 17. Juni« in der Westberliner Studentenzeitschrift *Colloquium*, Heft 3/1954

34 *Dokumente der SED*, Band IV, S. 469; die zitierte Stelle findet sich auch im Teilabdruck der Entschließung der 15. ZK-Tagung in *Der deutsche Kommunismus. Dokumente*, herausgegeben und kommentiert von Hermann Weber, Köln und Berlin 1963, S. 596

35 Erich Loest, »Elfenbeinturm und rote Fahne«, im (Ost-)*Börsenblatt für den deutschen Buchhandel*, Nr. 27, 4. Juli 1953; Wolfgang Harich, »Es geht um den Realismus«, in der *Berliner Zeitung* vom 14. Juli 1953; Günther Cwojdrak, »Schreibt die Wahrheit!«, in Heft 8/1953 der *Neuen Deutschen Literatur*

36 *Dokumente der SED*, Band IV, S. 467

37 Hilde Benjamin, »Unsere Justiz, ein wirksames Instrument bei der Durchführung des ›Neuen Kurses‹«, in *Neue Justiz* 1953, S. 477 ff. Ein – nicht wortgetreuer – Teilabdruck findet sich in *Unrecht als System*, aaO. (Anm. 19), S. 259

38 *Protokoll des IV. Parteitages*, Band I, S. 219

39 Vgl. N. S. Chruschtschows Rede auf dem Treffen mit Literatur- und Kunstschaffenden am 8. März 1963, *Neues Deutschland* vom 14. März 1963, und den Aufsatz von Ilse Spittmann, »Wollte Moskau die DDR wirklich aufgeben?« in der *Süddeutschen Zeitung* vom 16. und 17. März 1963

40 Vgl. Robert Vincent Daniels, *Das Gewissen der Revolution. Kommunistische Opposition in Sowjetrußland*, Köln und Berlin 1962, S. 457

41 W. I. Lenin, *Gegen den Revisionismus*, Sammlung ausgewählter Aufsätze, Ostberlin 1960, S. 219; das angeführte Zitat auch bei Wolfgang Leonhard, *Sowjetideologie heute*, Band 2: *Die politischen Lehren*, Frankfurt am Main und Hamburg 1962, S. 115

42 W. I. Lenin, »Was tun?«, *Ausgewählte Werke in zwei Bänden*, Band I, Moskau 1946, S. 277; siehe auch Wolfgang Leonhard, aaO. (Anm. 41), S. 36

Dokumente

Die Normenerhöhung

[Dok. I]
Beschluß des ZK der SED vom 14. Mai 1953:
»Über die Erhöhung der Arbeitsproduktivität und die Durchführung strengster Sparsamkeit«

Der von der II. Parteikonferenz gefaßte Beschluß zur Schaffung der Grundlagen für den Aufbau des Sozialismus in der Deutschen Demokratischen Republik erfordert, wie es der Generalsekretär der Sozialistischen Einheitspartei Deutschlands, Genosse Walter Ulbricht, in seinem Bericht über die Lehren des XIX. Parteitages der KPdSU kennzeichnete, die Stärkung der sozialistischen Industrie, das heißt Rekonstruktion der bestehenden und Errichtung neuer sozialistischer Betriebe, Entwicklung der Schwerindustrie und des Maschinenbaus entsprechend den Gesetzen über die erweiterte Reproduktion der sozialistischen Wirtschaft. Die Lösung dieser Aufgaben erfordert vor allem ununterbrochene Steigerung der Arbeitsproduktivität und die ständige Senkung der Selbstkosten.

Alle diese Voraussetzungen können nur verwirklicht werden durch die Einführung eines strengen Sparsamkeitsregimes und die restlose Ausschöpfung aller zur Verfügung stehenden Akkumulationsquellen für den sozialistischen Aufbau in unserer Deutschen Demokratischen Republik. Nur auf diesem Wege können wir der Verwirklichung des

147

ökonomischen Grundgesetzes des Sozialismus zustreben, das Genosse Stalin wie folgt formulierte:

»Sicherung der maximalen Befriedigung der ständig wachsenden materiellen und kulturellen Bedürfnisse der gesamten Gesellschaft durch ununterbrochenes Wachstum und stetige Vervollkommnung der sozialistischen Produktion auf der Basis der höchstentwickelten Technik.«

Die technische Basis der Produktion ist in vielen Betrieben veraltet und ungenügend. Die Erfüllung der Erfordernisse des sozialistischen Aufbaus und die Befriedigung der Bedürfnisse der Bevölkerung machen es notwendig, daß die Arbeit weit mehr als bisher für den Aufbau neuer Betriebe, für die Modernisierung und Vervollkommnung der bestehenden Betriebe, für den Bau neuer Wohnungen und kultureller Einrichtungen konzentriert und ein erheblicher Teil der Ergebnisse der Arbeit für die Realisierung dieser großen Aufgaben verwandt werden müssen.

Die dafür notwendigen Akkumulationsmittel können nur durch dauernde Steigerung der Arbeitsproduktivität und Senkung der Selbstkosten erreicht werden. Ein wichtiges Mittel dazu ist die Ausarbeitung und Einführung technisch begründeter Arbeitsnormen.

Die völlig unbefriedigende Bestimmung der Arbeitsnormen in unseren sozialistischen Betrieben aller Wirtschaftszweige zeigt, daß der Verwirklichung dieser für unsere wirtschaftliche Entwicklung so bedeutungsvollen Erkenntnisse ungenügende Beachtung geschenkt wurde. Der Anteil der technisch begründeten Arbeitsnormen ist unbefriedigend niedrig, und die bestehenden »erfahrungsstatistischen« Normen stehen im Gegensatz zu der entwickelten Technik, zu den Erfahrungen und Leistungen der Aktivisten, zur Organisation des Arbeitslaufs und zu der gewachsenen Qualifikation der Arbeiter. Sie sind ein ernstes Hemmnis unserer wirtschaftlichen gesellschaftlichen Entwicklung in der Deutschen Demokratischen Republik geworden.

Die Leitungen der Betriebe und der Wirtschaftsorgane schenken der Ausarbeitung und Einführung technisch begründeter Arbeitsnormen ungenügende Aufmerksamkeit und überlassen diese bedeutungsvollen Fragen dem Selbstlauf. Dadurch entstehen Normen, die zu den

Interessen der Erhöhung des Lebensstandards der Bevölkerung in Widerspruch stehen. Ohne entsprechende Leistungen zu erzielen, werden Normenerfüllungen von 150 bis 200 Prozent erreicht.

Die Aufstellung von Arbeitsnormen auf falscher Grundlage wird begünstigt durch die in den vom Ministerium für Arbeit erlassenen Richtlinien über die Ausarbeitung und Einführung technisch begründeter Arbeitsnormen enthaltene Bestimmung, wonach bei Einführung neuer Arbeitsnormen eine Senkung des bisherigen Verdienstes nicht zulässig ist. Die Bestimmung hat sich als ein Fehler und als ein Hemmnis in der ganzen Entwicklung für die Ausarbeitung und Einführung technisch begründeter Arbeitsnormen erwiesen und muß korrigiert werden.

Das Zentralkomitee der Sozialistischen Einheitspartei Deutschlands steht auf dem Standpunkt, daß die Minister, Staatssekretäre sowie die Werkleiter alle erforderlichen Maßnahmen zur Beseitigung des schlechten Zustandes in der Arbeitsnormung einleiten und durchführen mit dem Ziel, die Arbeitsnormen auf ein normales Maß zu bringen und eine Erhöhung der für die Produktion entscheidenden Arbeitsnormen um durchschnittlich mindestens 10 Prozent bis zum 1. Juni 1953 sicherzustellen.

Unverzüglich sind die Arbeitsnormen mit dem Ziel ihrer Erhöhung zu überprüfen und die so erhöhten Normen nach gründlicher und gewissenhafter Aufklärungsarbeit durch die Betriebsparteiorganisationen und die Genossen der Gewerkschaftsorganisationen vom Werkdirektor einzuführen. Daß dies möglich ist, beweist die in zahlreichen Betrieben entstandene Bewegung zur freiwilligen Erhöhung der Arbeitsnormen, beweisen die vielen Aufforderungen von Brigaden und Betrieben an die Regierung der DDR zur generellen Erhöhung der Normen.

Die hervorragenden Beispiele aus vielen Betrieben zeigen eindeutig, daß dieser große Erfolg nur möglich war in gemeinsamer Anstrengung und in hartem Kampf gegen alle rückständigen Auffassungen unter Durchsetzung einer verbesserten Arbeitsorganisation. Es ist erforderlich, daß sich die Partei-, Gewerkschafts- und Wirtschaftsorganisationen an die Spitze dieser begonnenen großen Bewegung der Werktätigen stellen und sie nach Kräften unterstützen. Die Aufklärungsarbeit unter den Massen über die Bedeutung der Erhöhung der Arbeitsnormen ist zu verstärken, und es ist anzustreben, daß die Initiative der fortgeschrittensten Arbeiter und Brigaden zum Gemeingut aller Arbeiter wird. Die Mitglieder unserer Partei haben die Pflicht, in den vordersten Reihen dieser Bewegung zu arbeiten und sich durch vorbildliche Arbeit in der Neuererbewegung und bei der Berechnung technisch begründeter Arbeitsnormen auszuzeichnen. Die Gewerkschaftsorganisationen in den Betrieben können sowohl die allgemeine Erhöhung der Normen als auch die Ausarbeitung technisch begründeter Arbeitsnormen wesentlich unterstützen, indem sie Gruppen zur Hilfe bei der Aufstellung neuer Normen bilden unter Teilnahme von Helden der Arbeit, Aktivisten und Neuerern der Produktion, Ingenieuren, Technikern und qualifizierten Arbeitern.

Die Anwendung einer fortschrittlichen Technik, die volle Ausnutzung der vorhandenen Kapazitäten, die obligatorische Einführung neuer Arbeitsmethoden, die konsequente Durchsetzung des Prinzips der Entlohnung nach Leistung sowie die ständige Erhöhung der Qualifikation der Arbeiter setzt eine grundlegende Verbesserung der Arbeitsorganisation und eine verantwortliche und rationelle Betriebsführung voraus. Nur auf diesem Wege ist es – so lehren uns die Erfahrungen der Sowjetunion – möglich, die für die maximale Befriedigung der materiellen und kulturellen Bedürfnisse der Werktätigen notwendige Entwicklung der Arbeitsproduktivität zu erreichen.

Zur Durchführung dieser Maßnahmen ist erforderlich:

1. daß die Leiter der Ministerien und Staatssekretariate für jeden Wirtschaftszweig, für jeden Betrieb und für jede Betriebsabteilung Kennziffern für die Erhöhung der Arbeitsnormen festlegen, die so berechnet sein müssen, daß die Arbeitsnormen insgesamt um mindestens 10 Prozent erhöht werden. Diese Erhöhung der Arbeitsnormen muß der erste Schritt zur Beseitigung der bestehenden rückständigen Arbeitsnormen und der Ausgangspunkt einer systematischen Arbeit auf dem Gebiet der technischen Arbeitsnormung sein.

2. Die Erhöhung der Arbeitsnormen ist unter verantwortlicher Leitung des Werkdirektors durch die Meister in Zusammenarbeit mit den Normenbearbeitern und Technologen vorzubereiten. Sie müssen sich dabei auf die tatsächliche Erfüllung der einzelnen Arbeitsnor-

men, auf die Ergebnisse des Studiums des Arbeitsablaufs, die Behebung der aufgezeigten Mängel und Erfahrungen der Aktivisten und Neuerer stützen.

3. Die so erhöhten Arbeitsnormen sind durch den Werkdirektor unterschriftlich zu bestätigen und vor ihrer Einführung bekanntzugeben. Sie sind bis zum 31. Dezember 1953 nicht mehr zu verändern, sofern nicht grundlegende technisch-organisatorische Maßnahmen durchgeführt werden.

4. Die Werkdirektoren haben alle Maßnahmen zu ergreifen, die den Arbeitern die Erfüllung und Übererfüllung der erhöhten Arbeitsnormen ermöglichen. Diese Maßnahmen sind als Verpflichtung der Werkleitungen in die noch abzuschließenden Betriebskollektivverträge oder in Ergänzungsvereinbarungen aufzunehmen. Dazu ist in jeder Betriebsabteilung unter voller Verantwortung des Abteilungsleiters und der aktiven Mitwirkung aller Arbeiter ein Plan technischer und organisatorischer Aufgaben aufzustellen, dessen Einhaltung durch die Direktoren für Arbeit und die Betriebsgewerkschaftsleitungen ständig zu kontrollieren ist. Dieser Plan soll sich insbesondere auf die Verbesserung der Arbeitsorganisation, auf die Qualifizierung der Arbeiter, auf die Veränderung der technischen Bedingungen, auf die Beseitigung von Verlustzeiten und auf verbesserte Instruktionen durch die Meister und Brigadiere erstrecken.

5. In der Zeit zwischen dem 1. Juni 1953 und dem 31. Dezember 1953 sind durch Ausarbeitung von Zeitnormativen und technisch-wirtschaftlichen Kennziffern nach wissenschaftlichen Methoden die Voraussetzungen zu schaffen, daß die Aufstellung der Pläne für das Jahr 1954 nach exakten technisch begründeten Arbeitsnormen vorgenommen werden kann und ab 1. Januar 1954 mit mindestens 50 Prozent technisch begründeter Arbeitsnormen das Planjahr begonnen wird. Diese technisch begründeten Arbeitsnormen müssen die ökonomisch wichtigsten Arbeiten im Betrieb erfassen.

6. Die Betriebsparteiorganisationen und die Genossen in den Gewerkschaftsorganisationen haben die Arbeiter über die Bedeutung der Arbeitsnormen und die Notwendigkeit ihrer alljährlichen Überprüfung und Erhöhung aufzuklären.

Zur Durchführung dieser wichtigen politischen und wirtschaftlichen

Maßnahmen für die Erhöhung des Reallohnes beziehungsweise der Lebenshaltung aller Arbeiter und Angestellten ruft das Zentralkomitee der Sozialistischen Einheitspartei Deutschlands alle Parteimitglieder in den Betrieben, in den Organen der Wirtschaftsverwaltungen und in den Kreis- und Bezirksleitungen sowie in den Gewerkschaften auf, eine breite Aufklärungsarbeit unter den Arbeitern über die Bedeutung der Verbesserung der Arbeitsnormung für die erfolgreiche Erfüllung und Übererfüllung des Fünfjahrplanes und damit für die ständige Erhöhung des Lebensniveaus der gesamten Bevölkerung durchzuführen.

Dokumente der SED, Bd. IV, S. 410 ff.

Der Neue Kurs

[Dok. II]
Die Entscheidung:
Kommuniqué des Politbüros der SED vom 9. Juni 1953

Das Politbüro des Zentralkomitees der SED hat in seiner Sitzung vom 9. Juni 1953 beschlossen, der Regierung der Deutschen Demokratischen Republik die Durchführung einer Reihe von Maßnahmen zu empfehlen, die der entschiedenen Verbesserung der Lebenshaltung aller Teile der Bevölkerung und der Stärkung der Rechtssicherheit in der Deutschen Demokratischen Republik dienen. Das Politbüro des ZK der SED ging davon aus, daß seitens der SED und der Regierung der Deutschen Demokratischen Republik in der Vergangenheit eine Reihe von Fehlern begangen wurde, die ihren Ausdruck in Verordnungen und Anordnungen gefunden haben, wie zum Beispiel der Verordnung über die Neuregelung der Lebensmittelkartenversorgung, über die Übernahme devastierter landwirtschaftlicher Betriebe, in außerordentlichen Maßnahmen der Erfassung, in verschärften Methoden der Steuererhebung usw. Die Interessen solcher Bevölkerungsteile wie der Einzelbauern, der Einzelhändler, der

Handwerker, der Intelligenz wurden vernachlässigt. Bei der Durchführung der erwähnten Verordnungen und Anordnungen sind außerdem ernste Fehler in den Bezirken, Kreisen und Orten begangen worden. Eine Folge war, daß zahlreiche Personen die Republik verlassen haben.

Das Politbüro hat bei seinen Beschlüssen das große Ziel der Herstellung der Einheit Deutschlands im Auge, welches von beiden Seiten Maßnahmen erfordert, die die Annäherung der beiden Teile Deutschlands konkret erleichtern.

Aus diesen Gründen hält das Politbüro des ZK der SED für nötig, daß in nächster Zeit im Zusammenhang mit Korrekturen des Planes der Schwerindustrie eine Reihe von Maßnahmen durchgeführt wird, die die begangenen Fehler korrigieren und die Lebenshaltung der Arbeiter, Bauern, der Intelligenz, der Handwerker und der übrigen Schichten des Mittelstandes verbessern. Auf der Sitzung am 9. Juni hat das Politbüro Maßnahmen auf dem Gebiet des Handels und der Versorgung, auf landwirtschaftlichem Gebiet und auch hinsichtlich der Erleichterung des Verkehrs zwischen der Deutschen Demokratischen Republik und Westdeutschland festgelegt.

Um die Erzeugung von Waren des Massenbedarfs zu vergrößern, die von kleinen und mittleren Privatbetrieben hergestellt werden, und um das Handelsnetz zu erweitern, wird vorgeschlagen, den Handwerkern, Einzel- und Großhändlern, privaten Industrie-, Bau- und Verkehrsbetrieben in ausreichendem Umfange kurzfristig Kredite zu gewähren. Die Zwangsmaßnahmen zur Beitreibung von Rückständen an Steuern und Sozialversicherungsbeiträgen, die bis zum Ende des Jahres 1951 entstanden sind, sollen für Klein-, Mittel- und Großbauern, Handwerker, Einzel- und Großhändler, private Industrie-, Bau- und Verkehrsbetriebe, das heißt in der gesamten privaten Wirtschaft, ausgesetzt werden.

Wenn Geschäftseigentümer, die in letzter Zeit ihre Geschäfte geschlossen oder abgegeben haben, den Wunsch äußern, diese wiederzueröffnen, so ist diesem Wunsche unverzüglich Rechnung zu tragen. Außerdem soll die HO zur besseren Versorgung der Bevölkerung sofort Agenturverträge mit dem privaten Einzelhandel abschließen. Das Politbüro schlägt ferner vor, daß die Verordnungen über die

Übernahme devastierter landwirtschaftlicher Betriebe aufgehoben werden und die Einsetzung von Treuhändern wegen Nichterfüllung der Ablieferungspflichten oder wegen Steuerrückständen untersagt wird. Die Bauern, die im Zusammenhang mit Schwierigkeiten in der Weiterführung ihrer Wirtschaft ihre Höfe verlassen haben und nach Westberlin oder nach Westdeutschland geflüchtet sind (Kleinbauern, Mittelbauern, Großbauern) sollen die Möglichkeit erhalten, auf ihre Bauernhöfe zurückzukehren. Ist das in Ausnahmefällen nicht möglich, so sollen sie vollwertigen Ersatz erhalten. Es soll ihnen mit Krediten und landwirtschaftlichem Inventar geholfen werden, ihre Bauernwirtschaften zu entwickeln. Strafen, die wegen Nichterfüllung von Ablieferungsverpflichtungen oder Steuerverpflichtungen ausgesprochen wurden, sollen überprüft werden. Dabei wird vorgeschlagen, den Minister für Land- und Forstwirtschaft zu beauftragen, die erforderlichen Maßnahmen zu treffen, damit die Interessen der landwirtschaftlichen Produktionsgenossenschaften gewahrt bleiben.

Das Politbüro schlägt weiter vor, daß alle republikflüchtigen Personen, die in das Gebiet der Deutschen Demokratischen Republik und den demokratischen Sektor von Berlin zurückkehren, das auf Grund der Verordnung vom 17. Juli 1952 zur Sicherung von Vermögenswerten beschlagnahmte Eigentum zurückerhalten. Ist in Einzelfällen die Rückgabe nicht möglich, so soll Ersatz geleistet werden. Zurückkehrenden Republikflüchtlingen darf aus der Tatsache der Republikflucht keine Benachteiligung entstehen. Sie sollen durch die zuständigen Organe der Räte der Bezirke und Kreise entsprechend ihrer fachlichen Qualitäten wieder in das wirtschaftliche und gesellschaftliche Leben eingegliedert werden und ihre vollen Bürgerrechte erhalten. (Deutscher Personalausweis, Lebensmittelkarte usw.) Für die Rückkehr sind Auskunftsstellen einzurichten, die ihnen in allen Fragen Rat und Auskunft erteilen.

Das Politbüro ist ferner der Auffassung, daß die Frage der Aufenthaltsgenehmigungen für Westdeutsche und Westberliner sowie die Frage der Ausstellung von Interzonenpässen im Sinne der Erleichterung des Verkehrs zwischen Ost- und Westdeutschland neu geregelt werden müssen. Bei Antrag auf Ausstellung von Aufenthaltsgenehmigungen für Westdeutsche und Westberliner sind familiäre Gründe

anzuerkennen, ebenso bei Anträgen auf Ausstellung von Interzonenpässen. Insbesondere ist Wissenschaftlern und Künstlern die Teilnahme an Tagungen in Westdeutschland zu ermöglichen, ebenso ist
Künstlern aus Westdeutschland die Teilnahme an Tagungen in der
Deutschen Demokratischen Republik zu ermöglichen.

Das Politbüro schlägt ferner vor, daß alle im Zusammenhang mit der
Überprüfung der Oberschüler und der Diskussion über die Tätigkeit
der Jungen Gemeinde aus den Oberschulen entfernten Schüler sofort
wieder zum Unterricht zuzulassen sind und daß ihnen die Möglichkeit
gegeben wird, die versäumten Prüfungen nachzuholen. Ebenso sollen
die im Zusammenhang mit der Überprüfung der Oberschulen ausgesprochenen Kündigungen und Versetzungen von Lehrern rückgängig
gemacht werden. Die in den letzten Monaten ausgesprochenen Ex-
matrikulationen an Hochschulen und Universitäten sollen sofort
überprüft und bis zum 20. Juni 1953 entschieden werden. Bei Imma-
trikulationen an den Hochschulen und Universitäten dürfen befähigte
Jugendliche aus den Mittelschichten nicht benachteiligt werden.

Ferner empfiehlt das Politbüro der Regierung der Deutschen Demo-
kratischen Republik, die Justizorgane zu beauftragen, diejenigen
Verurteilten sofort zu entlassen, die nach dem Gesetz zum Schutz des
Volkseigentums zu ein bis drei Jahren verurteilt worden sind, mit
Ausnahme der Fälle, in denen schwere Folgen eintraten.

Ebenso empfiehlt es, diejenigen Untersuchungshäftlinge sofort zu
entlassen, gegen die ein Verfahren nach dem Gesetz zum Schutz des
Volkseigentums anhängig gemacht wurde und bei denen keine höheren Strafen als die gesetzlichen Mindeststrafen von ein bis drei Jahren
zu erwarten sind.

Das Politbüro hat schließlich beschlossen, der Regierung der Deutschen Demokratischen Republik zu empfehlen, daß ab 1. Juli 1953
wieder an alle Bürger der Deutschen Demokratischen Republik und
des demokratischen Sektors von Groß-Berlin Lebensmittelkarten
entsprechend den gesetzlich festgelegten Tätigkeitsmerkmalen ausgegeben werden. Es wird weiter vorgeschlagen, die im April 1953
durchgeführten Preiserhöhungen für Marmelade, Kunsthonig und
andere Süß- und Backwaren mit Wirkung vom 15. Juni 1953 rückgängig zu machen, die Fahrpreisermäßigungen in Höhe von 50 Prozent

ab 1. Juli 1953 bei Arbeiterrückfahrkarten auf alle berechtigten Personen ohne Rücksicht auf die Höhe ihres Einkommens auszudehnen, die Fahrpreisermäßigungen für Schüler und Lehrlinge und auch bestimmte Schichten der Arbeiter wiederherzustellen und auch die Fahrpreisermäßigungen für Schwerbeschädigte, Kleingärtner usw. sowie die Erstattung von Fahrgeld durch die Sozialversicherung beim Besuch bei Fachärzten wieder einzuführen.

Dokumente der SED, Bd. IV, S. 428 ff.

[Dok. III]
Erklärung und Rechtfertigung des Kurswechsels: »Von der Tagung des Berliner Parteiaktivs – Rede des Genossen Otto Grotewohl«

Genossinnen und Genossen!
Am 9. Juni hat das Politbüro ein Kommuniqué beschlossen, das von großer Bedeutung ist. In diesem Kommuniqué hat das Politbüro die Maßnahmen dargelegt, die es in allernächster Zeit zu verwirklichen für notwendig hält. Partei und Regierung haben dabei offen und ehrlich die Korrigierung einiger vorhandener Fehler durchgeführt.
Wir hatten nicht die Absicht, die erforderlichen Maßnahmen hinter verschlossenen Türen oder im stillen Kämmerlein zu erledigen. Wir haben stets den Standpunkt vertreten, Volk und Regierung gehören zusammen. An diesem Standpunkt hat sich nichts geändert. Das gilt nicht nur in guten Tagen, das gilt auch besonders in ernsten Tagen. Das Politbüro unserer Partei und die Regierung denken nicht daran, der ernsthaften Aussprache mit unserem Volke aus dem Wege zu gehen. Wir sind tief davon überzeugt, daß ein wirkliches Vertrauensverhältnis zwischen Volk, Partei und Regierung nur vorhanden sein kann, wenn dieser Weg der offenen und ernsten Aussprache wie in der Vergangenheit so auch in der Zukunft fortgesetzt wird. Es gibt Menschen, die sagen, warum hat die Regierung nicht auf uns gehört? Natürlich haben wir auf alle diese Stimmen gehört. Gerade weil wir auf sie gehört haben, sind wir zu jenen Vorschlägen und Maßnahmen gekommen, um die es heute geht. »Daß eine Regierung so offen und

klar ihre Fehler feststellt und so entschieden und gründlich korrigiert, ist außerordentlich«, sagt einer der vielen Briefschreiber an uns. Aus Westdeutschland schreibt uns ein Professor: »Wir können uns nicht vorstellen, daß die Bonner Regierung sich ähnlich verhält. Hätte sie auch nur annähernd die Kraft und die Ehrlichkeit, wie die Regierung der Deutschen Demokratischen Republik, ihre Fehler einzugestehen, dann wäre mit einem Schlage das Bonner Kriegsvertragssystem ebenso wie die Kriegsgefahr in Europa beseitigt und es könnte in Riesenschritten auf die Einheit Deutschlands losgehen.« Ich glaube, das ist richtig. In diesem Vergleich zeigt sich der große Unterschied zwischen einer Regierung, deren oberstes Bestreben es ist, eng mit dem Volk zusammenzuleben und zu arbeiten und einer Regierung, wie die Adenauers, die versucht, eine verständigungsfeindliche kriegsgefährliche Politik durchzusetzen. Unsere Freunde in Westdeutschland dürfen nicht vergessen: Mit Adenauer kann man nicht verhandeln, Adenauer muß man stürzen. Unsere Partei und unsere Regierung machen keine Manöver und keine Winkelzüge. Sind Fehler gemacht und anerkannt, so ist es im Interesse des Volkes, sie schnell und gründlich zu korrigieren. Eben das wollen wir und das tun wir. Vor einer Stunde, ehe ich mich auf den Weg machte zu dieser Versammlung, erhielt ich einen langen und lehrreichen Brief eines alten Genossen unserer Partei, der nach heftigen kritischen Darlegungen offen und ehrlich Stellung nimmt. Am Schlusse seines aus heißem Herzen geschriebenen Briefes schreibt er aber: »Ich bin kein Nörgler oder Querulant, aber die Nöte der Ärmsten kenne ich genau, und deshalb habe ich mich zu ihrem Fürsprecher gemacht. Immer die Kritik von unten beachten und das Ohr am Volke haben. Das ist gut und richtig, darf aber nicht nur Theorie bleiben. Ihr habt aller Welt gezeigt, daß Ihr diese Theorie in großartiger Weise in die Praxis umgesetzt habt bei der Zurückziehung der Verordnungen. Das wird und muß Euch durch Liebes- und Vertrauensbeweise gedankt werden.« Nun, wir sind in diesem Augenblick weit davon entfernt, nach Lorbeeren und Anerkennung zu fischen. Uns geht es einzig und allein um die Sache unseres Volkes. Das allein ermöglicht es uns auch, so klar und offen über alle Dinge zu sprechen. Wir nehmen keine Zuflucht zu demagogischen Tricks, Beschönigungsversuchen und Ablenkungsmanövern. Unsere Fehler, die wir offen bekennen, sind auch keineswegs der Ausdruck von Verständnislosigkeit. Im Gegenteil, diese Fehler sind entstanden aus der ehrlichen Absicht heraus, die Entwicklung zur schnelleren Hebung der Lebenshaltung für das ganze Volk zu beschleunigen. An dieser Stelle setzte der grundlegende Fehler ein.

Unsere Erfahrungen seit 1945 haben gezeigt, daß durch die Übergabe der Betriebe der Monopolisten und anderer Kriegs- und Nazibetriebe in die Hände des Volkes und die darauf basierende Planung der Volkswirtschaft eine krisenfeste Entwicklung gesichert war. Im Gegensatz zur imperialistischen Anarchie entwickelten sich die Produktivkräfte bei uns harmonisch, im Einklang miteinander und einem richtigen Verhältnis zueinander. Unsere volkseigene Wirtschaft zeigt bereits eine stetig steigende Zunahme der Produktion und eine Zunahme des Volkswohlstandes. Der Grundwiderspruch zwischen den Produktivkräften und den Produktionsverhältnissen befand sich bereits im Prozeß der vollen Auflösung und setzte die Kräfte des Volkes in Freiheit. Das schuf jene lebhafte Entwicklung unserer Wirtschaft mit den Möglichkeiten der Verbesserung der Lebenslage der Bevölkerung. Es war jene Periode, in der wir durch zwölfmalige Herabsetzung der HO-Preise den Warenumsatz vervielfachten und verbesserten. In dieser Periode schufen wir bedeutende Gesetze, die den Menschen und die menschliche Arbeitskraft in den Mittelpunkt der Gesellschaft stellen. Dieses Gesetzgebungswerk hat in seiner Fortschrittlichkeit und Kühnheit nicht seinesgleichen in der Geschichte Deutschlands. Der erfolgreiche, wirtschaftliche und kulturelle Aufbau in der Deutschen Demokratischen Republik eilte, dank der aufopferungsvollen Arbeit unserer Arbeiter, Bauern, unserer Wissenschaftler und Techniker, bereits den Planzielen des Fünfjahrplanes voraus. Trotz aller Schwierigkeiten in der Beschaffung von Rohstoffen und Materialien steigerte sich der Produktionsumfang dauernd und anhaltend. In der Landwirtschaft hatten wir bereits die Ziffern der Hektarerträge von 1936 überflügelt. Diese geradlinig nach oben steigende Kurve berechtigte uns im Vorjahr zu der Annahme, daß wir den Zustand erreicht hätten, bei dem wir mit der beschleunigten Schaffung der Grundlagen zum Aufbau des Sozialismus beginnen

konnten. Hier beginnen nun einige finanzielle und ökonomische Vor-
belastungen, die die Erfüllung unseres Zieles erschwerten und verhinderten. Einige dieser Auswirkungen wurden uns durch die aggressiven militärischen Vorbereitungen gegen die DDR aufgezwungen,
andere entsprangen der falschen Anwendung unserer Gesetze in den
Betrieben und auf der mittleren Linie unserer Verwaltung. Sie ver-
anlaßten uns zu Maßnahmen, um die schädlichen Wirkungen zu beseitigen. Wenn ich nur die wesentlichsten und entscheidendsten dieser Fragen heute hier anführe, so hoffe ich, daß trotzdem vor den
Augen der Genossen ein klares und zusammenhängendes Bild ent-
steht. Die erste, tiefeinschneidende Wirkung ergab sich im zweiten
Halbjahr 1952 insofern aus der Bonner Kriegspolitik, als wir dadurch
gezwungen wurden, zum Schutze unseres Staates und unserer Errungenschaften erhebliche unvorhergesehene Ausgaben zu machen.
Die zweite Verschiebung des normalen Wirtschaftsablaufs entstand
aus einer falschen Anwendung unserer Beschlüsse zur Verbesserung
der Löhne für die ersten vier Lohnstufen unserer Grundindustrien.
Das Ergebnis dieses Fehlers zeigte sich uns aber erst endgültig und in
seiner ganzen Größe bei den Jahresabrechnungen für 1952. Politbüro
und Regierung hatten beschlossen, diese Lohnerhöhungen im Ge-
samtwert von 700 Millionen als erste Stufe im Jahre 1952 durchzuführen, um im Jahre 1953 eine zweite Stufe der Lohnerhöhung folgen zu
lassen. Auf der mittleren Ebene der Verwaltung und in den Betrieben wurde diese Linie völlig verändert. Das ergab eine völlige Verschiebung zwischen dem Lohn- und Warenfonds, denn der Warenfonds folgte nicht im richtigen Verhältnis. Der Warenfonds hatte eine
Höhe von 14 Milliarden, während der Lohnfonds am Ende des Jahres
1953 bereits eine Höhe von 18 Milliarden Mark erreicht hatte. Diese
plötzlich unter völliger Verschleierung entstandene Differenz von 4
Milliarden Mark zwischen Lohn und Ware mußte zwangsläufig zu
einem tiefen Einfall in die Versorgungslage der Bevölkerung führen.
Dazu kam die auf dem Zucker- und Lebensmittelmarkt überall aus
der Schlechtwetterperiode sich ergebende Verknappung der Lebensmittel. Sabotage und fehlerhafte Arbeit führten zu jenen Schwierigkeiten in der Versorgung, die uns allen bekannt sind.
Zu alledem hatten wir die Entwicklung unserer Schwerindustrie und

anderer wichtiger Abschnitte aus dem Fünfjahrplan in das Jahr 1952 vorverlegt. Unsere sichere Erwartung ging davon aus, daß die forcierte Entwicklung der Schwerindustrie zum beschleunigten Aufbau unserer Waren- und Verbrauchsindustrie führe und wir gleichzeitig auf diesem Wege eine erhebliche Verbesserung unseres Außenhandels herbeiführen könnten. Diese Absicht hat sich als falsch erwiesen und es ist uns heute völlig klar, daß nicht eine einzige Stufe im Prozeß der Höherentwicklung übersprungen werden kann. Ein allgemeines Gesetz der politischen Ökonomie kann durch Beschlüsse nicht aufgehoben werden. Das alles ist heute nach dem Ablauf der Ereignisse völlig klar. Daraus gilt es die entscheidenden Schlußfolgerungen zu ziehen.

Aber ökonomische Ereignisse stehen nicht losgelöst im Leben, sondern sie sind immer mit tiefen und großen gesellschaftlichen Einwirkungen verbunden. Bei der Durchführung aller dieser Maßnahmen stießen wir auf den erbitterten Widerstand des Gegners. Der Klassenkampf verschärfte sich auf der ganzen Linie und in allen gesellschaftlichen Äußerungen. Hetze und Verleumdung aller Art führten zur Nichterfüllung bei der Ablieferung, zur künstlichen Erhöhung von Steuerschulden und zum stillen und oft auch offenen Widerstand gegen die Maßnahmen in der Wirtschaft und im Staat. Wir versuchten die Beseitigung dieser Mängel mit fast ausschließlich administrativen Mitteln. Das war falsch. Die Methode des Administrierens, der polizeilichen Eingriffe und die Schärfe der Justiz ist falsch und erstickt schöpferische Kräfte eines Volkes.

Das zeigte uns die darauf einsetzende Wirkung: die Einschränkung der allgemeinen Versorgung, die Einengung und zerstörende Wirkung auf Einzelhändler und Mittelstand, die Flucht der Bauern nach dem Westen Deutschlands und das berechtigte Anwachsen der Unzufriedenheit in der Arbeiterschaft über die verschiedensten Maßnahmen in der Sozialversicherung, bei der Abschaffung der Fahrpreisermäßigungen usw. Die Flucht nach dem Westen bedeutete die Schaffung einer großen Propagandaarmee im Westen, die sich gegen den Osten, gegen die DDR, wendete. Darüber hinaus aber mußte die Auswirkung dieser Politik zur Verbreiterung der Kluft zwischen den Menschen im Westen und im Osten Deutschlands führen.

160

Das ist natürlich letzten Endes ein unerträglicher Fehler und Zustand, denn er berührt gleichzeitig das zentralste und entscheidendste Problem der ganzen deutschen Nation. Die Einheit Deutschlands ist das feste Fundament für eine bessere Zukunft und für einen Zustand des Friedens in Deutschland und Europa. Wenn sich Menschen von uns abwenden, wenn neben der staatlichen und wirtschaftlichen Spaltung noch die menschlichen Beziehungen zwischen den Deutschen zerrissen werden, dann ist diese Politik falsch. Daraus muß man unerschrocken und entschieden alle Schlußfolgerungen ziehen. Die Vorhut der deutschen Arbeiterklasse muß sich noch fester mit den Massen vereinigen, und unsere Aufgabe ist es, diese Vereinigung herbeizuführen. Es gibt keinen anderen Weg aus all diesen Gründen. Man muß eine Wendung vollziehen. Es handelt sich nicht um die Durchführung kleiner und unbedeutender taktischer Maßnahmen, sondern es handelt sich für uns jetzt darum, die notwendige und unaufschiebbare Schwenkung in der erforderlichen Ordnung und Disziplin zu vollziehen.

Der Gegner spricht von Zusammenbruch und Katastrophe. Weder das eine noch das andere ist berechtigt. Wir vollziehen diese Schwenkung, weil sie für die Lebensverhältnisse unseres Volkes in der DDR erforderlich ist und weil die notwendige Verständigung der Deutschen untereinander die erforderliche Voraussetzung für die Lösung der großen Probleme der deutschen Nation ist. Man fragt uns, warum wir das heute mit einemmal könnten. Nun, ich denke, wenn nach einer gründlichen Analyse, nach einer gründlichen Kritik und Selbstkritik der richtige Weg abgesteckt ist, dann gibt es kein Mittel, das eine verantwortliche Partei und Regierung daran hindert, diesen Weg gemeinsam mit dem Volk erfolgreich zu beschreiten.

Durch eine Reihe von Maßnahmen haben wir versucht, sofort auf die Lebenslage der Bevölkerung ebenso günstig einzuwirken wie auf ihr politisches Bewußtsein. Wir haben diese Maßnahmen schnell und ernsthaft in Angriff genommen und sind entschlossen, tiefgehende weitere Maßnahmen zu treffen, die sich wohltuend auf das Leben der Bevölkerung auswirken werden.

Diese weitergehenden Maßnahmen, mit deren Ausarbeitung das Politbüro beschäftigt ist, werden dem Plenum des Zentralkomitees in

Kürze zur Begutachtung und Beschlußfassung unterbreitet werden. Sie betreffen entschiedene Änderungen im Volkswirtschaftsplan. Das Zentralkomitee der Partei wird eine völlige und umfassende Darstellung aller Fehler und notwendigen Maßnahmen zu ihrer Beseitigung erhalten. Das Politbüro wird sich dem Zentralkomitee zur vollen Verantwortung stellen. Es wird kein Fehler und kein Mangel in Partei und Verwaltung unausgesprochen oder im Dunkeln bleiben. Das führende Organ unserer Partei, das Zentralkomitee, soll dann seine Entscheidung treffen. Wir sind Blut vom Blute der Arbeiterklasse und Fleisch vom Fleische unseres Volkes. Mit diesen Bindungen wird die Parteileitung und die Regierung nicht nur mit ganzem theoretischem Ernst, sondern auch mit praktischen Taten die Fehler überwinden und erfolgreich für eine bessere Zukunft, für die Wiederherstellung der nationalen Einheit und für den Frieden arbeiten.

Neues Deutschland, 18. Juni 1953

Unklarheiten um die Normenerhöhung

[Dok. IV]
»Es wird Zeit, den Holzhammer beiseite zu legen«

70 Brigaden des VEB Wohnungsbau haben freiwillig ihre Normen erhöht! So hieß es Mitte April, und am 1. Mai sollten es schon 125 Brigaden sein. Kein anderer Berliner Baubetrieb konnte solche Erfolge aufweisen.

Am 28. Mai fand im VEB Wohnungsbau eine Besprechung mit Brigadiers und Aktivisten statt, in der über eine generelle Normerhöhung um durchschnittlich zehn Prozent für den ganzen Betrieb diskutiert und beschlossen werden sollte. Und was geschah dort? Die Mehrheit entschied sich gegen eine generelle Normerhöhung.

Fast zur gleichen Zeit kam vom Abschnitt G-Nord in der Stalin-Allee die alarmierende Meldung, daß einige Zimmerer-Brigaden wegen Differenzen mit der Normenabteilung ihre Arbeit am Morgen nicht aufgenommen hatten. Am Strausberger Platz, wo ebenfalls Zimmerer-Brigaden vom VEB Wohnungsbau arbeiteten, kam es zu ähnlichen Ereignissen.

Man sollte meinen, diese Signale der Unzufriedenheit der Arbeiter hätten für die Betriebs- und die Parteileitung des VEB Wohnungsbau Anlaß sein müssen, ihre Arbeit und auch die früheren Meldungen über die Normerhöhungen von 125 Brigaden kritisch zu überprüfen. Aber nichts dergleichen. Parteisekretär Paul Müller ist nach wie vor davon überzeugt, daß die Normenabteilung des Betriebes richtig arbeitet, aber die Bauarbeiter der Tätigkeit dieser Abteilung stets Mißtrauen entgegenbringen werden. »Die Normendiskussion wurde bei uns vorbildlich geführt«, meint er, »daran gibt es nichts zu rütteln. Und die Versammlung wegen der generellen Normenerhöhung hat uns der Brigadier Rocke geschmissen.«

Wer ist Maurerbrigadier Rocke?

Der Maurerbrigadier Rocke gehört zu den vielen hundert Berliner Bauarbeitern, die im vergangenen Jahr an der Stalin-Allee Vorbildliches leisteten. Hauptsächlich seiner Initiative war es zu verdanken, daß ein großer Planrückstand am Block B-Süd aufgeholt wurde. Brigadier Rocke war einer der Neuerer an der Stalin-Allee.

Anfang Mai begann die Maurerbrigade Rocke auf der Großbaustelle Ostseestraße des VEB Wohnungsbau zu arbeiten. »Ich war kaum 20 Minuten hier«, erzählte uns Brigadier Rocke, »um für die neue Baustelle alles vorzubereiten, als drei Leute aus der Zentrale ankamen und mit mir über Normerhöhungen diskutieren wollten. Unter ihnen befand sich auch der Normenbearbeiter Lembeck. Ich sagte ihnen, sie sollen doch warten, bis die ganze Brigade zusammen ist, denn die Hälfte meiner Kollegen arbeitete damals noch auf einem Bau in der Mühlenstraße. Meine Kollegen in der Mühlenstraße hätten einer Normerhöhung bereits zugestimmt, wurde mir daraufhin gesagt; der Bauleiter in der Mühlenstraße hätte die Unterschriften meiner Kollegen für eine Normerhöhung schon in der Tasche. Ich habe geantwortet, das ist eine Lüge, und ich hatte recht. Als dieses Manöver bei mir nicht zündete, erklärte mir Lembeck, daß ich mir darüber klar sein soll, daß sie auf den Großbaustellen nur Brigaden arbeiten lassen, die ihre Norm erhöht haben. Daraufhin haben wir unsere Norm um durchschnittlich 6,5 Prozent erhöht. Aber in meinen Augen war das eine regelrechte Erpressung.«

Das hat Brigadier Rocke dann auch auf der erwähnten Versammlung unumwunden ausgesprochen. Und das ist der Grund, warum Parteisekretär Müller behauptet, Rocke habe die Versammlung »geschmissen«! Zur gleichen Zeit erfährt der Genosse Paul Müller von dem Mitarbeiter der Abteilung Arbeit des VEB Wohnungsbau, Genossen Förster, daß die Brigade Rocke in der demokratischen Presse kritisiert wurde, und daß sich der RIAS das für seine Hetztiraden zunutze gemacht hat. Sofort war dem Parteisekretär Müller »alles klar«. Er hatte zwar keine Unterlagen, er kannte nicht einmal den Artikel, aber für ihn stand der Zusammenhang zwischen der »geschmissenen Versammlung« und der Hetzsendung des RIAS fest.

Am 29. Mai, einen Tag nach der verunglückten Versammlung, erschien Genosse Müller in der Mittagspause bei der Brigade Rocke. Völlig unbeherrscht polterte er los: Der Brigadier Rocke sei im RIAS genannt worden, also müsse er oder ein Mitglied seiner Brigade mit dem RIAS in Verbindung stehen. Aber für RIAS-Agenten sei in volkseigenen Betrieben kein Platz.

Genosse Müller behauptet heute, er habe das »allgemein gemeint«. Aber die Empörung über die ungeheure Verdächtigung, die seine Worte bei den Mitgliedern der Brigade Rocke auslösten, beweist das Gegenteil. Die Brigade kannte weder den Artikel in der demokratischen Presse, noch wußte sie von den RIAS-Lügen. Wie dem Brigadier Rocke, als er von den Anschuldigungen hörte, zumute war, hat er uns offen erzählt. »Als der Genosse Müller seine Strafpredigt vom Stapel ließ, bin ich mir vorgekommen wie einer, dem man den Strick um den Hals legt und die Beine wegzieht«, sagte er. »Ja, soweit war ich damals«, setzte er hinzu. »Wenn nur mal jemand richtig mit uns gesprochen hätte, hätten wir unsere Normen sicher erhöht. Wir sind doch keine Unmenschen. Aber wir lassen uns nicht die Pistole auf die Brust setzen.«

Bei der Putzerbrigade Fuchs ist es ähnlich gewesen. Auch hier wurde versucht, die Teile der Brigade gegeneinander auszuspielen und mit Dummenfang eine Normerhöhung zu erreichen.

Die Brigade Vorwerk

Die Brigade Vorwerk von der Baustelle G-Nord in der Stalin-Allee ist ebenfalls ein Beispiel dafür, wie die Genossen in der Zentrale des VEB Wohnungsbau sich über die Meinungen und Forderungen der Bauarbeiter glauben hinwegsetzen zu können.

Die Brigade Vorwerk verlangte eine Zeitstudie für eine Arbeit. Der Normenbearbeiter, Genosse Rank, führte die Zeitstudie aus. Die Kollegen warteten fast drei Wochen auf das Ergebnis. Schließlich teilte Genosse Rank telefonisch mit, daß die Zeitstudie »nichts ergeben« habe und die alte Norm bleibe. Als er danach einmal auf der Baustelle erschien und die Brigade erneut Aufklärung forderte, hatte er angeblich keine Unterlagen mit, um mit der Brigade über die Zeitstudie zu diskutieren. Dieses Schindludertreiben mit den Bauarbeitern quittierte die Brigade, indem sie nicht weiterarbeitete. Jetzt hatte der Genosse Rank plötzlich Zeit, erneut auf der Baustelle zu erscheinen, und nach vielem Hin und Her billigte er der Brigade eine Erschwerniszulage von 17 Prozent zu. Die Brigade arbeitete weiter.

Kaum in der Zentrale angekommen, erklärte der Genosse Rank, daß er »unter Druck« gehandelt habe, setzte sich ans Telefon und machte die Erschwerniszulage »aus der Entfernung« rückgängig! Die Brigade hat jetzt tatsächlich nur eine Erschwerniszulage von einem halben Prozent ausgezahlt bekommen.

Seine Machenschaften sind ein Betrug der Arbeiter, und es zeugt von einem hohen Grad gesellschaftlichen Bewußtseins, wenn der Brigadier Vorwerk auf die Frage, warum er nichts gegen diesen Betrug unternommen habe, antwortete: »Was sollen wir denn machen, wir müssen doch mit dem Bau vorankommen, wir können uns doch nicht ewig in die Bude setzen.«

»Du schreibst ja doch nicht in die Zeitung, was wir dir sagen!« Mit diesen Worten wurden wir von den erregten Mitgliedern der Brigade Zock empfangen, als wir in ihre Baubude am Strausberger Platz traten. Als die Abrechnung für diese Brigade bekanntgeworden war, stellte sich heraus, daß sie durchschnittlich nur 1,63 DM Leistungsstundenlohn im Monat Mai verdient hatte. Die Brigade verlangte eine Überprüfung. Darauf geschah nichts. Sie weigerte sich, weiterzuarbeiten.

Daraufhin bequemten sich die verantwortungslosen Mitarbeiter des VEB Wohnungsbau endlich, die Überprüfung der Abrechnung vorzunehmen. Und was stellte sich heraus? Daß man falsch gerechnet hatte und daß den Arbeitern ein durchschnittlicher Leistungsstundenlohn von 1,99 DM zustand.

»Seit Monaten gibt es Differenzen mit der Normenabteilung«, erklärten die Brigade-Mitglieder. »Immer stimmt unsere Abrechnung nicht. Müssen wir um unseren Lohn wie um Almosen betteln?« Nach einer längeren Diskussion sagten sie schließlich: »Du mußt uns doch verstehen. Wir arbeiten ja, wir wollen ja auch aufbauen. Wir sind nur so erregt, weil es mit der Arbeit in der Zentrale nicht klappt.« Der Rüsterbrigade Bornemann erging es ähnlich wie der Brigade Zock.

Die Normenabteilung soll Helfer der Brigaden sein

Die Normenbearbeiter vom VEB Wohnungsbau haben jede Verbindung mit ihren Kollegen auf den Baustellen verloren. Sie behandeln sie hochnäsig und wundern sich, wenn ihnen die Bauarbeiter mißtrauisch gegenüberstehen. Wenn die Normenbearbeiter annehmen, daß sie sich mit ihren gefährlichen Tricks bei der Betriebsleitung einen guten Namen verschaffen könnten, so irren sie sich. Denn sie haben die Bauarbeiter gegen sich, ohne die der Betrieb niemals reibungslos arbeiten kann. Die Normenabteilung soll nicht glauben, daß es ihr sehr lange gelingen kann, ungestraft gegen die Interessen der Bauarbeiter zu handeln.

Die Normenbearbeiter müssen Helfer der Brigaden sein und gemeinsam mit ihnen die Ermittlung fortschrittlicher Normen durchführen. In der Normenabteilung des VEB Wohnungsbau muß darüber schnellstens vollständige Klarheit geschaffen werden. Jeder Mitarbeiter dieser Abteilung muß sich bemühen, ein Vertrauensverhältnis zwischen der Abteilung und den Bauarbeitern herzustellen, um die gegenwärtigen durch sie selbst hervorgerufenen Spannungen zu beseitigen.

Die Diktatoren

Genosse Paul Müller bildet sich ein, von den Bauarbeitern als vorbildlicher Parteifunktionär anerkannt zu werden. Das Gegenteil ist der Fall.

So erklärte der verantwortliche parteilose Bauleiter der Großbaustelle Ostseestraße, Christen: »Kollege Müller tritt überall wie ein Diktator auf. Er findet nie den richtigen Ton, um die Bauarbeiter von den für den Betrieb wichtigen Maßnahmen zu überzeugen. Seine Methode ist die des ›Zusammenhauens‹.« Auf unsere Frage, warum er sich das als verantwortlicher Bauleiter ohne weiteres gefallen läßt, antwortete Bauleiter Christen: »Ich traue mich nicht, etwas dagegen zu sagen. Wenn man etwas gegen die Meinung des Kollegen Müller äußert, kann es passieren, daß man ›gemüllert‹ wird. Er kann meiner Meinung nach keine Kritik an seiner Arbeit vertragen. Wie anders arbeitet dagegen der für unsere Baustelle verantwortliche Kollege aus der SED-Kreisleitung Prenzlauer Berg! Ich habe bisher noch von niemand eine so gute Unterstützung und Hilfe gehabt. Wir beschließen gemeinsam, wie unserer Baustelle geholfen werden kann. Mit dem Kollegen Müller dagegen würde ich über diese Fragen nicht sprechen. Mir fehlt das Vertrauen zu ihm.«

Ähnlich äußert sich der junge parteilose Bauführer Sommer. Er charakterisiert die Arbeitsmethode des Genossen Müller mit den Worten: »Kollege Müller sieht am liebsten Leute, die vor ihm strammstehen.«

Und was sagen die Genossen aus der Produktion?

Der Sekretär der Parteiorganisation der Baustelle Ostseestraße, Genosse Stampe, erklärt: »Genosse Müller verhält sich unkritisch gegenüber seiner eigenen Arbeit. Er hat vergessen, daß wir auf der Baustelle eine eigene Parteiorganisation haben. Daher bespricht er auch mit mir nichts. Er kommt, ohne daß wir rechtzeitig davon erfahren, auf die Baustelle und stiftet durch seine Art, mit den Bauarbeitern zu diskutieren, Unruhe. Bei der Diskussion mit Brigadier Rocke war das auch so. Wir haben nichts dagegen, wenn er uns besucht. Jedoch nur dann sind wir mit seinem Besuch einverstanden, wenn er uns Hilfe bringt. Mit Diskussionen, wie er sie führt, hilft er aber nicht, sondern zerstört das Vertrauen der Arbeiter zur Partei.«

Ebenso urteilte der BGL-Vorsitzende der Baustelle, ein Kandidat unserer Partei. Und der verdiente Aktivist, Genosse Scherpinsky, der für seine hervorragende Arbeit an der Stalin-Allee diese hohe Auszeichnung erhielt, erklärte: »Die Bauarbeiter sehen den Genossen Müller lieber gehen als kommen. Das liegt daran, daß er ihnen bei jeder Kleinigkeit über den Mund fährt, anstatt sie zu überzeugen.«

Die Aufgabe jedes Parteifunktionärs und -mitgliedes ist es, unsere Werktätigen und besonders die Arbeiter in ständiger und beharrlicher Aufklärungsarbeit von der Richtigkeit der Politik unserer Partei zu überzeugen und sie dadurch für eine immer aktivere Mitarbeit an unserem friedlichen Aufbauwerk zu gewinnen. Genosse Müller handelt nicht danach.

Das selbstherrliche und überhebliche Auftreten, besonders der Genossen Rank und Lemberg aus der Normenabteilung, hat natürlich seinen Ursprung. Ihr »Vorbild« ist Parteisekretär Müller.

Aber auch das selbstherrliche und überhebliche Auftreten des Genossen Müller kommt nicht von ungefähr. Er glaubt, er handelt richtig, wenn er an die Stelle der Überzeugungsarbeit den Holzhammer setzt, denn noch nie wurde er deswegen von seiner Parteiorganisation kritisiert. Ja, auch die Bezirksleitung hat bisher keinen Anstoß daran genommen. Im Gegenteil. Genosse Müller wird in seiner »Methode« noch gestärkt, wenn Genosse Baum als Mitglied des Sekretariats der Bezirksleitung Groß-Berlin der SED auf einer Besprechung mit Parteifunktionären der Berliner Bauindustrie am 27. Mai erklärt, daß es bei Vorfällen, wie sie sich auf der Baustelle G-Nord ereignet haben, auch einmal notwendig sei, ein Exempel zu statuieren. Man müsse eine der Bauarbeiterbrigaden, die die Arbeitsdisziplin auf der Baustelle gestört haben, fristlos entlassen.

Das heißt mit anderen Worten, die Bauarbeiter, die durch ihre Aktion eine Verbesserung der Arbeit in der Verwaltung und dadurch eine Verbesserung der Produktion erreichen wollten, weil ihnen die Partei und die Betriebsleitung nicht halfen, sollen dafür auch noch bestraft werden. So geht es natürlich nicht!

Wenn eine Betriebsparteiorganisation und leitende Wirtschaftsfunktionäre, die Mitglieder unserer Partei sind, das Vertrauen der Arbeiter mißbrauchen, können sie nicht erwarten, daß sich die Arbeiter so einfach damit abfinden.

*Was ergibt sich daraus für die weitere Arbeit
der Parteiorganisation des VEB Wohnungsbau?*

1. Die Parteiorganisation des VEB Wohnungsbau muß dafür sorgen, daß in ihrem Betrieb ein für allemal bei der Festlegung von Normen mit dem Kuhhandel und der Normenschaukelei Schluß gemacht wird. Nur dann wird es gelingen, das berechtigte Mißtrauen der Bauarbeiter gegenüber der Betriebs- und Parteileitung zu beseitigen.

2. Die Parteiorganisation des VEB Wohnungsbau muß sich dafür einsetzen, daß die Beschlüsse unserer Regierung und Partei nicht diktatorisch und administrativ durchgeführt werden. Eine Normerhöhung kann erst dann für eine Brigade verbindlich erklärt werden, wenn die Brigademitglieder von der Bedeutung dieser Maßnahme für unseren Kampf um ein besseres Leben überzeugt wurden. Jeder andere Weg zur Erhöhung der Normen hat nachteilige Auswirkungen für den Betrieb. Das gefährlichste dabei ist, daß wir bei diktatorischer und administrativer Einführung von Maßnahmen unsere Werktätigen abstoßen, anstatt sie immer fester an uns zu binden.

3. Die leitenden Genossen im VEB Wohnungsbau müssen sofort mit der Schönfärberei, wie sie in den »guten« Berichten über den Stand der freiwilligen Normerhöhung zum Ausdruck kamen, dem Selbstbetrug und der Überheblichkeit brechen. Das ist zu erreichen, wenn Kritik und Selbstkritik schonungslos angewendet werden, wenn die Genossen der Parteileitung bei all ihren Beschlüssen und Maßnahmen die Menschen in der Produktion sehen, wenn diese Beschlüsse und Maßnahmen getragen sind von der Sorge um die arbeitenden Menschen, die sie vor allem für die Erreichung unserer politischen Ziele zu gewinnen haben: Die Bauarbeiter und Bauingenieure.

Siegfried Grün
Käthe Stern

Neues Deutschland, 14. Juni 1953

[Dok. V]

»Zu einigen schädlichen Erscheinungen bei der Erhöhung der Arbeitsnormen«

Der Beschluß der 13. Tagung des Zentralkomitees der SED und der darauf folgende Beschluß des Ministerrats der Deutschen Demokratischen Republik vom 28. Mai 1953 über die Erhöhung der Arbeitsnormen um durchschnittlich 10 Prozent sind von größter Wichtigkeit für das Wachstum der Arbeitsproduktivität und die Senkung der Selbstkosten, für die Erhöhung des Reallohnes und die Verbesserung der Lebenshaltung aller Arbeiter und Angestellten. Diese Beschlüsse verleihen der bedeutungsvollen Massenbewegung zur freiwilligen Normerhöhung organisierten Charakter. Sie legen fest, daß die Normen in unseren volkseigenen Betrieben generell überprüft und entsprechend den Möglichkeiten um durchschnittlich mindestens 10 Prozent bis zum 30. Juni 1953 erhöht werden.

Getragen von der Sorge und der Verantwortung gegenüber den Interessen der Werktätigen, legte der Ministerrat in seinem Beschluß Maßnahmen fest, die bei der Erhöhung der Arbeitsnormen im vollen Umfange gewährleistet sind. Sie haben umfassende Hilfe und Unterstützung für die Kolleginnen und Kollegen durch die Wirtschafts- und Gewerkschaftsleitungen zum Ziele.

Der Beschluß des Ministerrats über die Erhöhung der Arbeitsnormen besagt vor allem, daß auf der Grundlage der Verbesserung der Arbeitsorganisation, der Qualifizierung der Arbeiter, der Anwendung neuer Arbeitsmethoden, der Verbesserung der technischen Bedingungen, der Beseitigung von Verlustzeiten und der Festigung der Arbeitsdisziplin im Betrieb die Erhöhung der Arbeitsnormen für die Steigerung der Arbeitsproduktivität entsprechend den Kennziffern der Betriebe durchgeführt werden soll.

In vielen Betrieben haben die Betriebsleitungen und die Betriebsgewerkschaftsleitungen gewissenhaft nach diesem Beschluß gehandelt. Es gibt jedoch nicht wenige Betriebe, die den Beschluß des Ministerrats nicht durchführten oder verletzten. So wurde z. B. zum Schaden des erfolgreichen Kampfes um die Steigerung der Arbeitsproduktivität durch die Erhöhung der Arbeitsnormen eine gefährliche und reaktionäre »Theorie« und Praxis entwickelt, die darauf hinausläuft, daß die Normerhöhung eine Lohnsenkung zur Folge haben muß. Die Gewerkschaften wenden sich entschieden gegen solche Auffassungen, die die Autorität der Beschlüsse der Partei der Arbeiterklasse, des Ministerrats und des Präsidiums des Bundesvorstandes des Freien Deutschen Gewerkschaftsbundes gröblich mißbrauchen und damit die Interessen aller Werktätigen auf das tiefste und empörendste verletzen.

Die Arbeitsnormen werden nicht erhöht, um die Löhne zu senken, sondern um durch wirtschaftlichere Arbeit in jeder Hinsicht mit dem gleichen Arbeitsaufwand wie bisher mehr, besser und billiger zu produzieren. Die feindliche »Theorie« von der Lohnsenkung muß zerschlagen werden. Je schneller und je gründlicher dies geschieht, um so aktiver und bewußter werden alle Arbeiter die Normerhöhung um durchschnittlich 10 Prozent zu ihrer eigenen Sache machen.

Damit im Zusammenhang müssen die geradezu beleidigenden Methoden einiger Wirtschaftsleitungen, die glauben, durch administrative Anordnung und Befehle neue Normen zu schaffen, bekämpft werden. Die Kennziffern der Betriebe müssen mit allen Kollegen diskutiert und unter Berücksichtigung ihrer Richtigkeit in Übereinstimmung mit den Arbeitern beschlossen und von der Betriebsleitung dann für gültig erklärt und festgelegt werden.

Im Gegensatz zur verantwortlichen Arbeit vieler Betriebsleitungen gibt es Betriebsleiter, die der Meinung sind, daß die von der Partei und vom Ministerrat nach ernsthafter Prüfung vorgesehene und beschlossene Normerhöhung um durchschnittlich 10 Prozent für sie nicht gilt. Nach ihrem eigenen Gutdünken setzen sie für ihren Betrieb Kennziffern fest, die oft um das Doppelte höher sind als vom Fachministerium vorgesehen. Natürlich müssen diese schädlichen Willkürmaßnahmen Unzufriedenheit und den Widerstand vieler Arbeiter hervorrufen. So war es z. B. in der Schiefergrube Lehesten im Bezirk Gera und in einigen Abteilungen des Stahl- und Walzwerkes »Wilhelm Florin« in Hennigsdorf u. a. In jedem Fall mußten sich die Betriebsleitungen korrigieren. Mit den Arbeitern dieser Betriebe wurden dann solche Normen festgelegt und beschlossen, die in vollem Umfange mit den Beschlüssen in Übereinstimmung standen.

Nur so ist es möglich, in diesen Fällen das Vertrauen aller Arbeiter für die Durchführung des Beschlusses über die Normerhöhung zu festigen. Dann wird jeder Kollege bereit sein, die Normerhöhung zu seiner Sache zu machen. Die Normerhöhung kann nur mit den Arbeitern und nicht gegen die Arbeiter durchgeführt werden. Das sollten sich alle diejenigen Wirtschafts- und Gewerkschaftsleitungen zur Richtschnur ihres Handelns machen, die dieses Prinzip verletzt haben. Schlimm ist, daß manche Gewerkschaftsleitungen nicht rechtzeitig dagegen auftraten und diese Betriebsleiter auf ihr falsches Verhalten aufmerksam machten. Gerade solche Betriebsleitungen sind auch die Träger jener »Theorien«, nach denen die Normerhöhung nur auf Kosten des Lohnes der Arbeiter vorgenommen werden kann und muß. Sie kommen nicht auf den richtigen Gedanken, jetzt alle Kräfte zu mobilisieren, um den Kampf für die Aufdeckung aller inneren Reserven, für die Verbesserung der Arbeitsorganisation, die breite Anwendung neuer Arbeitsmethoden, die Qualifizierung der Arbeiter, die Ausschaltung aller Verlustzeiten in der Produktion u. a. zu führen. Denn damit schaffen sie die Voraussetzungen zur Erfüllung und Übererfüllung der neuen, erhöhten Normen unter den neuen Bedingungen, d. h. bei erhöhter Arbeitsproduktivität und Selbstkostensenkung den alten Lohn wieder zu verdienen, ja sogar zu übertreffen.

Es kann aber sein, daß trotz aller technisch-organisatorischen Vorbereitungen einzelne Arbeiter oder Arbeitergruppen in der nächsten oder übernächsten Dekade ihren alten Lohn noch nicht in voller Höhe erreichen können, aber schon bei der dritten oder vierten Lohnzahlung bei höheren Arbeitsergebnissen durch höhere Normen bei Schaffung technisch-organisatorischer Voraussetzungen ihren alten Lohn erreichen werden. Je besser, je gründlicher und rechtzeitiger die technisch-organisatorischen Maßnahmen durchgeführt werden, um so schneller besteht auch die Möglichkeit, mit höheren Arbeitsnormen den alten Nominallohn beizubehalten und ihn durch entsprechende Leistung noch zu übertreffen.

Es ist eine unleugbare Tatsache, daß überall dort, wo die Betriebs- bzw. Wirtschaftsleiter und Betriebs-Gewerkschaftsleitungen nach den Beschlüssen der Partei und der Regierung, die Betriebs-Gewerkschaftsleitungen nach den Beschlüssen des Präsidiums und den Hinweisen des Bundesvorstandes des FDGB in bezug auf die Aufgaben bei der Erhöhung der Arbeitsnormen gehandelt haben, geradezu vorbildliche Erfolge erzielt wurden. Der entscheidende Faktor bei all diesen Beispielen ist die aktive Bereitschaft und der Wille der Arbeiter.

Der Held der Arbeit Obermeister Lutzemann aus dem Walzwerk für Buntmetalle in Hettstedt, wandte sich mit aller Entschiedenheit gegen schädliche Auffassungen bei der Erhöhung der Arbeitsnormen, indem er erklärte:

»Wenn in einem Betrieb davon gesprochen wird, daß die Erhöhung der Arbeitsnormen eine Lohnsenkung bedeutet, dann stimmt in diesem Betrieb etwas nicht, dann geht etwas nicht in Ordnung, denn bei uns, in meiner Abteilung, haben wir die Normen in diesem Jahr dreimal erhöht um insgesamt 40 Prozent, und wir haben unsere alten Verdienste wieder erreicht, ja sogar übertroffen. Aber warum haben wir sie erreicht? Weil unsere Betriebsleitung einen technisch-organisatorischen Plan hat, weil dieser Plan rechtzeitig verwirklicht wurde und weil jetzt die Arbeit kontinuierlicher und ökonomischer vor sich geht. Und das, was in Hettstedt möglich ist, ist auch in anderen Betrieben möglich, vorausgesetzt, daß alle Werkleitungen sich ihrer hohen Verantwortung gegenüber dem Staat und gegenüber der Belegschaft ihres Betriebes bewußt sind.«

Darin liegt die Ursache der Erfolge von Hettstedt und anderer Betriebe, indem sie gewissenhaft und auf der Grundlage der Beschlüsse der Partei, der Regierung und der Gewerkschaften über die Erhöhung der Arbeitsnormen eine geduldige und kameradschaftliche Aufklärungs- und Überzeugungsarbeit geleistet und eine verantwortliche Überprüfung und Verbesserung der Arbeitsorganisation und Technologie mit Hilfe des gesamten Betriebskollektivs durchgeführt haben. So wurden rechtzeitig wichtige Voraussetzungen für die Erhöhung der Arbeitsnormen in diesen Bereichen geschaffen. So und nicht anders kann man diese verantwortliche Aufgabe durchführen. Deshalb ist es die Pflicht jeder Betriebs- und Gewerkschaftsleitung, nur nach den Beschlüssen diese Arbeit zu leisten und Verfehlungen, die im Widerspruch dazu stehen, unverzüglich zu korrigieren. Dazu gehört auch, daß nicht zugelassen wird, wenn Werkleiter eigenmächtig Umgruppierungen ganzer Arbeitsgruppen in andere Lohngruppen vornehmen. Dazu haben sie keine Berechtigung.

Im Zusammenhang mit der Veröffentlichung der Kommuniqués des Politbüros und des Ministerrats vom 9. bzw. 11. Juni 1953 wird in einigen Fällen die Frage gestellt, inwieweit die Beschlüsse über die Erhöhung der Arbeitsnormen noch richtig sind und aufrechterhalten bleiben. Die Beschlüsse über die Erhöhung der Normen sind in vollem Umfang richtig. Gestützt auf das unbedingte Vertrauen der Bevölkerung zu ihrer Regierung haben das Politbüro des Zentralkomitees der SED und die Regierung der Deutschen Demokratischen Republik offen vor dem ganzen Volke einige Fehler der Vergangenheit in ihrer Arbeit dargelegt und sofort Maßnahmen eingeleitet, die einer entschiedenen Verbesserung der Lebenshaltung aller Teile der Bevölkerung der Deutschen Demokratischen Republik dienen. Weil aber all das davon abhängt, inwieweit wir die großen Aufgaben des Fünfjahrplanes auf der Grundlage eines fortgesetzten Anwachsens der Arbeitsproduktivität bei strengster Sparsamkeit erreichen können, gilt es, den Beschluß des Ministerrats über die Erhöhung der Arbeitsnormen um durchschnittlich 10 Prozent bis zum 30. Juni 1953 mit aller Kraft durchzuführen.

Von dieser Erkenntnis müssen sich die Wirtschafts- und Gewerkschaftsleitungen bei der Durchführung des Beschlusses des Ministerrats im Interesse der weiteren Verbesserung der Lebensbedingungen der werktätigen Bevölkerung leiten lassen.

Otto Lehmann

Tribüne, 16. Juni 1953

[Dok. VI]
»Erklärung des Politbüros zur Normenfrage«
(16. Juni 1953)

Anläßlich von Anfragen der Arbeiter einer Reihe von Betrieben und Baustellen zur Frage der Erhöhung der Arbeitsnormen hält es das Politbüro des ZK der SED für erforderlich, zu erklären:

1. Der Aufbau eines neuen Lebens und die Verbesserung der Lebensbedingungen der Arbeiter sowie der gesamten Bevölkerung sind einzig und allein auf der Grundlage der Erhöhung der Arbeitsproduktivität und der Steigerung der Produktion möglich. Nur die Verwirklichung der alten Losung unserer Partei »Mehr produzieren – besser leben« hat zur Wiederherstellung und zur schnellen Entwicklung der Volkswirtschaft der Deutschen Demokratischen Republik nach dem Kriege geführt. Dieser Weg war und bleibt der einzig richtige Weg.

Deshalb ist das Politbüro der Auffassung, daß die Initiative der fortgeschrittensten Arbeiter, die freiwillig zur Erhöhung der Arbeitsnormen übergegangen sind, ein wichtiger Schritt auf dem Wege zum Aufbau eines neuen Lebens ist, der dem gesamten Volk den Ausweg aus den bestehenden Schwierigkeiten weist.

Das Politbüro ist dabei der Meinung, daß eine der wichtigsten Aufgaben der Betriebsleiter, der Partei- und Gewerkschaftsorganisationen darin besteht, Maßnahmen zur Verbesserung der Arbeitsorganisation und der Produktion zu ergreifen, damit in der nächsten Zeit der Lohn der Arbeiter, die ihre Normen erhöht haben, gesteigert werden kann.

2. Das Politbüro hält es zugleich für völlig falsch, die Erhöhung der Arbeitsnormen in den Betrieben der volkseigenen Industrie um 10 Prozent auf administrativem Wege durchzuführen.

Die Erhöhung der Arbeitsnormen darf und kann nicht mit administrativen Methoden durchgeführt werden, sondern einzig und allein auf der Grundlage der Überzeugung und der Freiwilligkeit.

3. Es wird vorgeschlagen, die von den einzelnen Ministerien angeordnete obligatorische Erhöhung der Arbeitsnormen als unrichtig aufzuheben. Der Beschluß der Regierung vom 28. Mai 1953 ist gemeinsam mit den Gewerkschaften zu überprüfen.

Das Politbüro fordert die Arbeiter auf, sich um die Partei und um die Regierung zusammenzuschließen und die feindlichen Provokateure zu entlarven, welche versuchen, Unstimmigkeiten und Verwirrung in die Reihen der Arbeiterklasse hineinzutragen.

Dokumente der SED, Bd. IV, S. 432 f.

Am Abend des 16. Juni

[Dok. VII]
Mahnung zur Besonnenheit:
Rundfunk-Erklärung des Bundesministers für
gesamtdeutsche Fragen, Jakob Kaiser

Die Demonstrationen der Bevölkerung in Ostberlin können niemanden überraschen, der die unhaltbaren Zustände des sowjetzonalen Regimes kennt. Trotzdem richte ich an jeden einzelnen Ostberliner und an jeden Bewohner der Sowjetzone die Mahnung, sich weder durch Not noch durch Provokationen zu unbedachten Handlungen hinreißen zu lassen. Niemand soll sich selbst und seine Umgebung in Gefahr bringen.

Die grundlegende Änderung Eures Daseins kann und wird nur durch die Wiederherstellung der deutschen Einheit und Freiheit erreicht werden. Gerade in diesem Augenblick, da die Politik um die Wiedervereinigung immerhin in Bewegung geraten ist, sollte sich niemand zu gefahrvollen Aktionen verleiten lassen. Denkt daran, daß wir uns unserer Verpflichtung für Euch in jedem Augenblick bewußt sind. Wir werden den großen Mächten die Dringlichkeit einer raschen Lösung der deutschen Frage gerade jetzt mit besonderem Nachdruck vor Augen führen. Dabei brauche ich nicht zu betonen, daß sich jedermann in der Bundesrepublik und in der ganzen freien Welt mit Euch in Solidarität verbunden weiß. Wir wissen den Sinn und wir wissen den Mut Eurer Demonstrationen zu würdigen; wir bitten Euch aber, in Vertrauen auf unsere Solidarität Besonnenheit zu wahren.

[Dok. VIII]
Aufruf zur Solidarität:
Die Rundfunkansprache des Vorsitzenden des
Landesverbandes Berlin des DGB, Ernst Scharnowski

Der Deutsche Gewerkschaftsbund betrachtet seit Monaten mit Sorge die soziale Rückentwicklung, die sich bei Euch vollzieht. Eure demokratischen Selbsthilfemaßnahmen, geboren aus dem Naturrecht jedes bedrückten Menschen, die entstanden sind aus einer spontanen und ureigenen Eingebung Eurerseits, haben zu Ereignissen geführt, über deren Auswirkung und Stärke wir in Westberlin außerordentlich erstaunt sind. Als dienstältester demokratischer Gewerkschaftler und Vorsitzender des Deutschen Gewerkschaftsbundes östlich der Elbe kann ich Euch in der Ostzone und Ostberlin keine Anweisungen erteilen. Ich kann Euch nur aus ehrlichster Verbundenheit gute Ratschläge geben.

Eure Forderung auf eine menschlich ertragbare Rückführung der Normen darf von Eurer sogenannten Regierung nicht nur vorübergehend anerkannt werden, sondern sie muß von Dauer sein. Die Löhne müssen pünktlich und gerecht, nach den alten Normen bemessen, bei der nächsten Lohnzahlung schon ausgezahlt werden, und es darf demgegenüber nicht nur die Erhaltung der jetzigen Lebensmittelpreise, sondern eine sofortige Senkung erfolgen, damit Ihr Eure menschliche Arbeitskraft erhalten könnt.

Die Maßnahmen, die Ihr als Ostberliner Bauarbeiter in voller eigener Verantwortung und ohne fremde Einmischung selbst beschlossen habt, erfüllen uns mit Bewunderung und Genugtuung. Ihr könnt diese Forderungen, gestützt auf die in der sowjetischen Besatzungszone geltenden menschlichen Grundrechte der Verfassung, mit vollem Recht verlangen. Eure Regierung hat selber diese Grundrechte beschlossen und damit auch für Euch die Freiheit zum Kampf für bessere Arbeitsverhältnisse gestattet.

Die gesamte Ostberliner Bevölkerung darf deshalb auf die stärksten und erfolgreichsten Gruppen der Ostberliner Arbeiterbewegung vertrauen. Laßt sie nicht allein. Sie alle kämpfen nicht nur für die sozialen Rechte der Arbeitnehmer, sondern für die allgemeinen Men-

177

schenrechte der gesamten Ostberliner und ostzonalen Bevölkerung. Tretet darum der Bewegung der Ostberliner Bauarbeiter, BVGer und Eisenbahner bei und sucht Eure Strausberger Plätze überall auf. Je größer die Beteiligung ist, desto machtvoller und disziplinierter wird die Bewegung für Euch mit gutem Erfolg verlaufen.

Die Arbeitnehmer im Deutschen Gewerkschaftsbund begrüßen Euren Kampf um die elementarsten Rechte der Arbeitnehmer, versichern Euch unserer brüderlichen Zuneigung und glauben, daß Ihr den Kampf in guter Haltung zu einem besseren Ende führen werdet.

Stellungnahmen am 17. Juni

[Dok. IX]

Regierungserklärung
des Bundeskanzlers Dr. Konrad Adenauer
vor dem Deutschen Bundestag am 17. 6. 1953

Die Ereignisse in Berlin haben in der deutschen Öffentlichkeit und darüber hinaus in der Welt Widerhall gefunden. Die Bundesregierung erklärt zu den Vorgängen:

Wie auch die Demonstrationen der Ostberliner Arbeiter in ihren Anfängen beurteilt werden mögen, sie sind zu einer großen Bekundung des Freiheitswillens des deutschen Volkes in der Sowjetzone und in Berlin geworden. Die Bundesregierung empfindet mit den Männern und Frauen, die heute in Berlin Befreiung von Unterdrückung und Not verlangen. Wir versichern ihnen, daß wir in innigster Verbundenheit zu ihnen stehen. Wir hoffen, daß sie sich nicht durch Provokationen zu unbedachten Handlungen hinreißen lassen,

(Lachen des Abg. Renner)

die ihr Leben und die Freiheit gefährden könnten.

Eine wirkliche Änderung des Lebens der Deutschen in der Sowjetzone und in Berlin kann nur durch die Wiederherstellung der deutschen Einheit in Freiheit erreicht werden.

(Abg. Dr. von Brentano: Sehr richtig!)

Der Weg hierzu ist, wie der Bundestag in seinem Beschluß vom 10. Juni erneut bekräftigt hat, die Abhaltung freier Wahlen in ganz Deutschland, die Bildung einer freien Regierung für ganz Deutschland, der Abschluß eines mit dieser Regierung frei zu vereinbarenden Friedensvertrages, die Regelung aller noch offenen territorialen Fragen in diesem Friedensvertrag, die Sicherung der Handlungsfreiheit für ein gesamtdeutsches Parlament und eine gesamtdeutsche Regierung im Rahmen der Grundsätze und der Ziele der Vereinten Nationen.

Die Bundesregierung wird nach diesen Grundsätzen handeln und sich darüber hinaus bemühen, daß bald wirksame Erleichterungen im Interzonenverkehr und in den Verbindungen zwischen Berlin und der Bundesrepublik verwirklicht werden, die der wiedererstehenden Einheit den Weg bahnen sollen.

Die Bundesregierung verfolgt die Entwicklung der Ereignisse mit größter Aufmerksamkeit. Sie steht mit den Vertretern der Westmächte in ständiger enger Verbindung. In dieser bedeutsamen Stunde wollen wir alle ohne Unterschied politischer Auffassungen für das große gemeinsame Ziel zusammenstehen.

Verhandlungen des Deutschen Bundestages, I. Wahlperiode, 272. Sitzung, S. 13449

[Dok. X]
Das RIAS-Interview des stellvertretenden Ministerpräsidenten Otto Nuschke

Rep.: Herr Nuschke, Sie sind hier in Westberlin. Wie sind Sie nach Westberlin hereingekommen, freiwillig?
Nuschke: Ich wurde geraubt. Mein Auto wurde aus dem Ostsektor von einer erregten Menge Westberliner nach Westberlin geschleppt.
Rep.: Wie beurteilen Sie die Lage im Ostsektor?
Nuschke: Günstig.
Rep.: Warum günstig?
Nuschke: Weil viele Leute das einsehen.

Rep.: Was einsehen?

Nuschke: Weil viele Leute einsehen, daß das Irrsinn ist, was gemacht worden ist.

Rep.: Sie meinen die Normerhöhung in der Ostzone?

Nuschke: Die ist ja längst rückgängig gemacht worden, und zwar gesetzlich.

Rep.: Wie erklären Sie sich trotzdem die Beteiligung der gesamten Bevölkerung der Ostzone?

Nuschke: Weil das Gewerkschaftsblatt was Gegenteiliges geschrieben hat.

Rep.: Was hat denn das Blatt geschrieben?

Nuschke: Na, es hatte geschrieben – das stimmte nicht, die Normerhöhung bliebe ja.

Rep.: Und das, glauben Sie, wäre allein der Grund, weswegen heute demonstriert wurde?

Nuschke: Das ist der Zünder gewesen für die Erregungswelle.

Rep.: Wann, meinen Sie, werden sie die Kontrolle wieder haben über die Lage im Sowjetsektor?

Nuschke: Die haben wir bereits.

Rep.: Die haben Sie bereits? Woraus erklären Sie sich das, daß Sie die Kontrolle im Ostsektor haben? Es ist ja Ausnahmezustand.

Nuschke: Ich bin ja unberührt durch den ganzen Ostsektor gefahren. Ich bin an Demonstranten vorbeigefahren. Niemand hat irgend etwas gegen meinen kleinen Wagen unternommen. Erst als ich an diese kritische Grenze kam, es gab keine Volkspolizei auf der Seite des Ostsektors – aber es standen erregte Westberliner auf der Ostseite und schoben mein Auto herüber.

Rep.: Wie stehen Sie zu der Tatsache, daß die Bevölkerung der Ostzone die Absetzung der Regierung fordert?

Nuschke: Die Bevölkerung fordert sie nicht, sondern ein Teil der Demonstranten, und zwar sehr stark durchsetzt mit Westberlinern.

Rep.: Sind Sie auch den ganzen Tag durch den Ostsektor gefahren?

Nuschke: Jawohl.

Rep.: Und besteht der denn nur aus Westberlinern?

Nuschke: Nein, absolut nicht. Ich bin sogar Hunderte von Metern entlang der Hennigsdorfer Demonstranten gefahren, die mich wohl . . . (3 Worte unverständlich!)

Rep.: Und das waren in Ihren Augen alles Westberliner, die rein (?) provoziert haben?

Nuschke: Nein, die standen aber dabei. Das war eine geordnete Demonstration.

Rep.: Wie kann man es sich aber erklären, daß die ›geordnete Demonstration‹ mit Schüssen und mit Panzern von der sowjetischen Besatzungsmacht gedeckt wurde?

Nuschke: Das war erst diese gemischte Demonstration, die also – nicht wahr – überall die Fensterscheiben eingeschlagen hat, die Türfüllungen durchgeschlagen hat usw. Ich weiß nicht, ja natürlich – die Leute sind ja nun nicht unterschieden, daß, die aus dem Ostsektor stammen, ein anderes Gesicht oder eine andere Hautfarbe haben wie die aus dem Westen. Also kann man das selbstverständlich nicht in dieser Einzelheit feststellen.

Rep.: Ist die Regierung mit dem Einsatz sowjetischer Panzer in Ostberlin einverstanden?

Nuschke: Selbstverständlich.

Rep.: Warum selbstverständlich?

Nuschke: Selbstverständlich, weil sie ein Interesse daran hat, daß Ruhe und Ordnung zurückkehrt. Wenn das nicht mit polizeilichen Mitteln möglich ist, dann muß eben selbstverständlich die Besatzungsmacht, jede Besatzungsmacht, ihre Machtmittel einsetzen. Das ist ganz selbstverständlich.

Rep.: Soll das bedeuten, daß diese Panzer auch schießen dürfen mit Kanonen?

Nuschke: Sie haben nicht geschossen mit Kanonen, sondern sie haben nur gleichfalls demonstriert.

Rep.: Woher wissen Sie das?

Nuschke: Weil ich dabei war.

Rep.: Wo waren Sie mit bei?

Nuschke: Auf den Straßen. – Ich habe sie ja bei mir vorüberfahren sehen, die Panzer.

Rep.: Und wo ist Herr Ulbricht und Herr Pieck und Herr Grotewohl in diesem Augenblick?

Nuschke: Herr Pieck ist zur Erholung in der Sowjet-Union, und wo sich Herr Grotewohl und Herr Ulbricht aufhalten, entzieht sich meiner Kenntnis.

Rep.: Sind sie in Berlin?

Nuschke: Selbstverständlich sind sie in Berlin.

Rep.: Und mit welcher Argumentation werden Sie sich jetzt bei Ihrer Rückkehr vor dem Politbüro verteidigen?

Nuschke: Ich habe mich vor dem Politbüro nicht zu verteidigen.

Die SED-Deutung der Ereignisse

[Dok. XI]

Beschluß des ZK der SED vom 21. Juni 1953
»Über die Lage und die unmittelbaren
Aufgaben der Partei«

Das Zentralkomitee der Sozialistischen Einheitspartei Deutschlands hat in seiner Tagung vom 21. Juni 1953 die Lage in der Deutschen Demokratischen Republik geprüft und den folgenden Beschluß gefaßt:

1. Die Entwicklung der Ereignisse

Die Ereignisse in der Deutschen Demokratischen Republik hängen unmittelbar mit der Entwicklung der internationalen und nationalen Lage zusammen. Das entscheidende Merkmal der internationalen Lage besteht in dem gewaltigen Anwachsen der Kräfte des Weltfriedenslagers in den letzten Monaten. In Korea steht der Waffenstillstand bevor. In Italien hat das Volk einen großen Sieg über die Reaktion errungen. In England und Frankreich wächst der Widerstand gegen die Teilnahme an der amerikanischen Kriegspolitik. In Westdeutschland wächst die patriotische Bewegung für die Wiedervereinigung Deutschlands. Auf Grund der Initiative des Weltfriedenslagers beginnt eine weltumspannende Bewegung der Völker für die Lösung aller strittigen Fragen auf dem Wege friedlicher Verhandlungen. In jedem Lande setzt sich die Friedenspolitik der Sowjetunion, Chinas, der Deutschen Demokratischen Republik und der anderen Teile des Weltfriedenslagers, weil sie mit den Interessen der Völker identisch ist, zusehends durch.

Dadurch sind die amerikanischen und deutschen Kriegstreiber in eine schwere Lage geraten. Sie sehen ihre Pläne scheitern. Der dritte Weltkrieg, den sie möglichst rasch entfesseln wollen, rückt in die Ferne.

In ihrer Beunruhigung greifen sie zu abenteuerlichen Maßnahmen. Eine von ihnen ist die Ansetzung des Tages X, an dem sie von Berlin aus die Deutsche Demokratische Republik aufrollen wollten, auf den 17. Juni 1953. Das ist der Versuch, den Kriegsbrand, den die Völker der Welt in Korea eben austreten, mit Hilfe des Brückenkopfes Westberlin nach Deutschland hinüberzuwerfen. Er wird mißlingen.

Warum entschlossen sich die Kriegstreiber gerade in diesen Tagen zu ihrer faschistischen Provokation gegen die Deutsche Demokratische Republik? Die Regierung der Deutschen Demokratischen Republik hatte am 11. Juni Maßnahmen beschlossen, die zu einer weiteren Stärkung der Deutschen Demokratischen Republik führen und den Kampf um die Einheit Deutschlands, die Verständigung der Deutschen untereinander wesentlich fördern werden. Sie hatte, um eine entschiedene Hebung der Lebenslage der Werktätigen, vor allem auch der Arbeiter, in der Deutschen Demokratischen Republik herbeizuführen, eine Reihe von Maßnahmen beschlossen, unter anderem die Konsumgüterproduktion zu steigern und die private Industrie des Handwerks, der kleinen und mittleren Industrie durch Gewährung von Krediten und Zuteilung der notwendigen Rohstoffe und Materialien breit zu fördern. Sie hatte die Überspitzungen in der Finanzpolitik auf dem Gebiet der Fahrpreistarife und der Sozialversicherung rückgängig gemacht. Den Republikflüchtigen, darunter auch den Großbauern, wurde die Rückkehr freigegeben und dazu ihr beschlagnahmtes Vermögen; Tausende von Verhafteten wurden entlassen. Von den Oberschulen verwiesene Lehrer und Schüler wurden wieder zugelassen. Die Zonengrenzen und die Sektorengrenzen in Berlin wurden weit geöffnet.

Die Wirkung der Beschlüsse des Politbüros und der Regierung in allen Teilen Deutschlands gestaltete die Position der Kriegstreiber noch schwieriger und veranlaßte sie, den von langer Hand vorbereiteten Tag X kurzfristig zu provozieren.

Partei und Regierung hatten die Korrektur der bisherigen politischen Linie der Deutschen Demokratischen Republik eingeleitet, weil diese Linie nicht zu einer schnellen Hebung des Lebensstandards der Bevölkerung der Deutschen Demokratischen Republik führte und dem gesamtdeutschen Kampf um Einheit und Frieden nicht entsprach. Das Politbüro hatte festgestellt, daß die Gesamtlage den bisher für richtig gehaltenen Kurs in einem neuen Licht erscheinen ließ. Als Führung einer marxistisch-leninistischen Partei hatte das Politbüro seine Erkenntnis öffentlich mitgeteilt, auf die im letzten Jahre begangenen Fehler verwiesen und der Regierung erste Maßnahmen zur Korrektur der Fehler empfohlen. Nun war es gerade dabei, den Gesamtplan zur Verbesserung der Lebenslage der Werktätigen auszuarbeiten und dem Zentralkomitee zur Bestätigung zu unterbreiten. In diesem Augenblick entschlossen sich die westlichen Agenturen zum Tage X, um die eingeleitete Wendung zur Verbesserung der Lebenslage in der Deutschen Demokratischen Republik zu durchkreuzen.

Über die Vorbereitungen für den Tag X haben die Feinde des Volkes selber offen gesprochen. Jakob Kaiser erklärte: »Es liegt im Bereich der Möglichkeit, daß dieser Tag X rascher kommt . . . es ist unsere Aufgabe, für alle Probleme bestmöglichst vorbereitet zu sein. Der Generalstabsplan ist so gut wie fertig!«

In Westdeutschland saßen und sitzen die amerikanischen Agenturen, die auf Anweisung von Washington die Pläne für Krieg und Bürgerkrieg ausarbeiten. In Westdeutschland und Westberlin organisierten die Adenauer, Ollenhauer, Kaiser und Reuter die unmittelbare Vorbereitung des Tages X. So wurde im Ministerium von Jakob Kaiser mit aktiver amerikanischer Unterstützung unter dem Tarnnamen »Forschungsbeirat« ein spezieller Stab für Diversions- und Bürgerkriegsakte geschaffen, dem Millionen Mark aus den Geheimfonds aus- und inländischer Imperialisten zuflossen. In Westberlin wurden von den Kaiser und Reuter systematisch Kriegsverbrecher, Militaristen und kriminelle Elemente in Terrororganisationen vorbereitet und ausgerüstet. Zu den alten faschistischen Morderfahrungen kamen noch zusätzlich die Methoden der amerikanischen Gangster. So wurde der faschistische Auswurf wieder großgezogen. Neben den ausländischen Kriegstreibern tragen Adenauer, Ollenhauer, Kaiser und Reuter die volle Verantwortung für das Blut, das bei der Niederschlagung des faschistischen Abenteuers geflossen ist.

Der Gegner benutzte zur Auslösung seiner Provokation die Mißstimmung einiger Teile der Bevölkerung, die durch Folgen unserer Politik im letzten Jahr entstanden war. Er organisierte unter dem Vorwand einer Dampferpartie der Betriebsangehörigen des VEB Industriebau Berlin, unter Hinzuziehung seiner Agenten aus einzelnen Großbetrieben, am Sonnabend, dem 13. Juni 1953, den Streik der Bauarbeiter und bestimmte Dienstag, den 16. Juni 1953, als Termin für die Provokation. Er warf gleichzeitig seine mit Schwefel-, Phosphor- und Benzinflaschen sowie mit Waffen ausgerüsteten Banditenkolonnen über die Sektorengrenzen mit der Aufgabe, die Arbeitsniederlegung ehrlicher Bauarbeiter durch Hetzlosungen in eine Demonstration gegen die Regierung umzufälschen und dieser Demonstration durch Brandstiftungen, Plünderungen und Schießereien den Charakter eines Aufruhrs zu geben. Zugleich gab er seinen Agentengruppen an einigen anderen Stellen der Republik die Anweisung, am nächsten Tage – in anderen Orten am übernächsten Tage – ähnliche Aktionen zu organisieren. Die von Westberlin eingeschleuste und von dort dirigierte faschistische Brut organisierte Überfälle auf Lebensmittellager, Lehrlingsheime, Klubhäuser, Verkaufsstellen sowie Mordüberfälle auf Funktionäre der Partei, der Massenorganisationen und des Staatsapparates, die mutig unsere demokratische Ordnung verteidigten. An Hand der in den Westberliner Agentenzentralen vorbereiteten Listen wurden vorübergehend faschistische und kriminelle Verbrecher aus der Haftanstalt herausgeholt, wie zum Beispiel die wegen bestialischer Verbrechen gegen die Menschlichkeit von der demokratischen Justiz verurteilte SS-Kommandeuse des Frauenkonzentrationslagers Ravensbrück, Erna Dorn. So sollte in der Deutschen Demokratischen Republik eine faschistische Macht errichtet und Deutschland der Weg zu Einheit und Frieden verlegt werden.

Durch das rechtzeitige Eingreifen breiter Teile der Bevölkerung, die durch die Volkspolizei heldenhaft unterstützt wurden, sowie durch das Eingreifen der sowjetischen Besatzungsmacht, die den Ausnahmezustand verhängte, ist der niederträchtige Anschlag auf die Deutsche Demokratische Republik, auf Deutschland, auf den Weltfrieden innerhalb von 24 Stunden schmählich zusammengebrochen. Dadurch wurde das beabsichtigte Massenblutbad verhindert.

II. Die gegenwärtige Lage

In der Republik herrscht Ruhe. Es wird normal gearbeitet. Eine große Anzahl von Provokateuren ist verhaftet. Der verbliebene Teil wagt gegenwärtig nicht hervorzutreten. Aber die Ruhe ist noch keineswegs endgültig gesichert. Der Feind setzt seine Wühlarbeit fort. Ausländische Flugzeuge setzen, wie bereits in den vergangenen Tagen, über Thüringen, Sachsen-Anhalt usw. durch Fallschirme Gruppen von Banditen mit Waffen und Geheimsendern ab. Lastwagen mit Waffen für noch nicht entdeckte Gruppen wurden an der Autobahn Leipzig–Berlin abgefangen. Der Gegner geht zu großen Sabotageakten über. Unter Beteiligung von Adenauer, Ollenhauer, Kaiser und Reuter, welche die Banditenkolonnen persönlich anleiten, arbeitet der Hetzsender RIAS auf vollen Touren, um dem gescheiterten Abenteuer neues Leben einzublasen.

Dabei sind Veränderungen in der Taktik des Gegners zu beobachten. Den noch verbliebenen Teilen seiner Agentur hat er Befehl gegeben, sich durch Verstecken und Tarnungen zu erhalten. Gleichzeitig verbreitet er Flüsterparolen und sucht neue Unruhen zu provozieren. Da große Massen der Arbeiter nunmehr erkennen, wozu ihre Mißstimmung mißbraucht werden sollte, versucht der Gegner auf dem flachen Lande zu provozieren. Er hetzt zur Sabotage der Versorgung der städtischen Bevölkerung, um dadurch eine neue Handhabe zu bekommen, unter den Arbeitern Mißstimmung zu säen. Daher besteht die Aufgabe jetzt darin, den angeschlagenen Gegner entscheidend zu schlagen, die faschistischen Banden restlos zu liquidieren, die Ordnung auf feste Grundlagen zu stellen und die Durchführung des neuen Kurses von Partei und Regierung zu sichern. Was ist dazu erforderlich?

III. Unsere Partei und die Arbeiterklasse

Dazu ist vor allem erforderlich, daß diejenigen Teile der Arbeiterklasse, die sich vom Gegner täuschen ließen, aus der Verwirrung herausgerissen werden, daß sie, die, ohne es zu sehen und zu wollen, unter den Einfluß ihrer geschworenen Feinde, der Monopolkapitalisten und Faschisten, geraten sind, sich von diesem Einfluß frei machen, daß das Vertrauensverhältnis zwischen Arbeiterklasse, Partei und Regierung wiederhergestellt wird.

Wie ist die Lage heute?

Weitaus die meisten Betriebe in der Republik haben an den Streiks nicht teilgenommen. In vielen Fällen haben die Arbeiter ankommenden Gruppen, die sie zu Streiks aufforderten, die Tür gewiesen und die Arbeit als Demonstration gegen die Arbeitsniederlegung fortgesetzt. In vielen Fällen haben Belegschaften spontan Verpflichtungen übernommen, die Produktion zu erhöhen, um ihre Treue zu unserer Partei und zur Republik zu bekunden und die Produktionsausfälle wettzumachen. Aber in vielen Betrieben, in denen gestreikt wurde und in denen nun wieder gearbeitet wird, ist ein Teil der Arbeiter verbittert. Sie glauben sich von der Partei und der Regierung verlassen. Ihnen ist noch nicht klar, daß die Niederschlagung der faschistischen Provokation auch ihnen nützt, daß sie die Grundlage für ihr weiteres Leben ist. Ihnen sind die Zusammenhänge noch nicht klar, daher haben sie nur ihre örtlichen oder betrieblichen Forderungen im Auge. Und daher verlieren sie die entscheidende Tatsache aus dem Auge, daß die faschistische Provokation einsetzte, *weil* und *nachdem* die Regierung eine Kette von Maßnahmen beschlossen hatte – nicht nur, um berechtigte Forderungen der Werktätigen zu befriedigen, sondern um – das ist der neue Kurs! – ein solches Wirtschaftsleben und solche Verhältnisse in den Betrieben und in der ganzen Deutschen Demokratischen Republik zu schaffen, die verhindern, daß berechtigte Forderungen ein zweites Mal übersehen werden. Diese Arbeiter erkennen vor allem nicht, daß ihr schlimmster Feind, der amerikanische und deutsche Großkapitalist, der bei sich die Arbeiter tritt, Millionen auf die Straße setzt, verhungern läßt und demoralisiert, ihre Forderungen ausnutzt, um *seine* Ziele zu verwirklichen, und zwar Ziele, die unweigerlich dazu führen müßten, daß die Sicherheit, das Leben der Arbeiter in der Deutschen Demokratischen Republik bedroht ist. Der großen Mehrheit der Arbeiter, die sich von den Provokateuren täuschen ließen, ist das blitzartig klar geworden, als sie einsahen, wie unter den Händen der Provokateure ihre mit Schweiß erarbeiteten Errungenschaften, Klubhäuser, Lehrlingsheime, Betriebskantinen durch Benzin und Phosphor in Flammen aufgingen. »Das ist nicht unser Wille!« sagten sie. »Hier sind wir auf dem falschen Wege.«

Die Partei wird in diesem Augenblick, der Taten fordert, dem Gegner nicht dadurch in die Hände spielen, daß sie ihre Kräfte in Erörterungen darüber erschöpft, wie es zu solchen Mißverständnissen bei einem Teil der Werktätigen kommen konnte. Heute kommt alles auf die Taten an. Daher erklärt das Zentralkomitee zu diesem entscheidenden Punkt heute nur das eine: Wenn Massen von Arbeitern die Partei nicht verstehen, ist die Partei schuld, nicht der Arbeiter!

Aus dieser grundlegenden Feststellung ergibt sich für alle Mitglieder und Funktionäre unserer Partei die Notwendigkeit, mit größter Sorgsamkeit zu unterscheiden zwischen den ehrlichen, um ihre Interessen besorgten Werktätigen, die zeitweise den Provokateuren Gehör schenkten – und den Provokateuren selber. Ehrliche Arbeiter, die zeitweilig irregingen, haben deswegen nicht aufgehört, ehrliche Arbeiter zu sein, und sind als solche zu achten. Auch ehrliche Arbeiter, die ihren Irrtum jetzt noch nicht erkennen, haben deswegen nicht aufgehört, ehrliche Arbeiter zu sein, und sind als solche zu achten. Gerade sie brauchen jetzt am meisten die Hilfe und Geduld der Partei, gerade sie brauchen heute am meisten die Sozialistische Einheitspartei Deutschlands, auch wenn ihnen das selbst noch nicht klar ist.

Das Zentralkomitee erwartet von allen Mitgliedern und Funktionären, daß sie nun die Reife ihres Bewußtseins und die Weite ihrer Herzen unter Beweis stellen in der leidenschaftlichen Beschäftigung mit gerade diesem Teil der Arbeiterschaft.

Das Zentralkomitee erwartet zugleich von allen Mitgliedern und Funktionären, daß sie mit geschärftem Auge gegen die tatsächlichen Provokateure vorgehen, sie vor der Masse der Werktätigen entlarven und mit ihrer Hilfe den Sicherheitsorganen übergeben. Entschlossen, die Interessen der Arbeiter gegen die faschistische Provokation mit eiserner Hand zu verteidigen, gibt sich das Zentralkomitee zugleich Rechenschaft darüber, daß – untrennbar hiermit verbunden – die Partei eine Wendung vollziehen muß in ihrem Herantreten an die Arbeiterschaft, und zwar mit dem heutigen Tage!

Daß diese Wendung erforderlich ist, zeigt das Verhalten vieler Funktionäre und Parteimitglieder auch in diesen Tagen. Während Zehntausende unserer Funktionäre und Mitglieder in engster Fühlung mit den Massen standen und stehen, sitzen andere Zehntausende in ihren Büros, schreiben irgendwelche Papiere und warten ab. Die Partei gehört zu jedem Zeitpunkt, besonders aber in solchen Tagen, in die Massen! Es ist notwendig, die ganze Partei zu mobilisieren zur geduldigen Überzeugung der Massen. Das Zentralkomitee erwartet daher, daß die Funktionäre auf allen Ebenen, die Funktionäre des zentralen Apparates, in den Bezirken und in den Kreisen, mit dem morgigen Tage in die Betriebe gehen. In allen Betrieben sind Partei- und Belegschaftsversammlungen abzuhalten, auf denen unsere Funktionäre die Fragen der Arbeiter und der anderen Werktätigen offen und kühn beantworten und den konsequenten Kampf aufnehmen *für* die Interessen der Arbeiterschaft, *für* das Wohl aller Werktätigen, *für* die Erklärung und Durchsetzung des neuen Kurses, *für* die Überwindung unrichtiger Auffassungen ehrlicher Arbeiter, aber gegen die Provokateure.

Der Prüfstein für den Erfolg unserer Aufklärungsarbeit werden die von den Belegschaften aus innerer Überzeugung angenommenen Beschlüsse der Unterstützung des neuen politischen Kurses von Partei und Regierung und ihre Einsicht in die Notwendigkeit zur aktiven Bekämpfung aller offenen und versteckten Provokateure sein.

IV. Die nächsten Maßnahmen

Das Zentralkomitee wird sich durch keinerlei noch so niederträchtige Störungsversuche der ausländischen und deutschen Kriegstreiber von der Verwirklichung des neuen Kurses abdrängen lassen. Es sieht in diesen Versuchen nur eine zusätzliche Bestätigung für seine Richtigkeit. Es setzt den neuen Kurs planmäßig fort.

Mit dem Beschluß des Politbüros des ZK vom 9. Juni und der Regierung der Deutschen Demokratischen Republik vom 11. Juni wurden die ersten Maßnahmen im Rahmen des neuen Kurses festgelegt, dessen Hauptziel ist, im Zusammenhang mit Kürzungen an den Planaufgaben der Schwerindustrie die Lebenshaltung der Arbeiter, Bauern, der Intelligenz, der Handwerker und der übrigen Schichten des Mittelstandes zu verbessern.

Das Zentralkomitee beschließt heute im Rahmen der großen wirtschaftlichen Veränderungen, welche die Durchführung des neuen Kurses erfordern, eine zweite Reihe von Maßnahmen:

1. Den Lohnabrechnungen sind ab sofort diejenigen Arbeitsnormen zugrunde zu legen, die am 1. April 1953 Gültigkeit hatten.

2. Die Fahrpreisermäßigung für Arbeiterrückfahrten beträgt ab 1. Juli 1953 für diejenigen Arbeiter und Angestellten, die ein Monatseinkommen bis 500,– DM brutto haben, entsprechend der früheren Regelung 75 Prozent.

3. Die Mindestrenten für Alters-, Invaliden- und Unfallrentner werden von 65,– DM auf 75,– DM pro Monat erhöht.

Die Mindestrenten der Witwen werden von 55,– DM auf 65,– DM pro Monat erhöht.

Der monatliche Fürsorgesatz für Hauptunterstützungsempfänger bei der Sozialfürsorge wird von 45,– DM auf 55,– DM erhöht.

Soweit Ehegatten von Alters-, Invaliden- oder Unfallvollrentnern keine eigene Rente beziehen und arbeitsunfähig sind oder die Altersgrenze überschritten haben, wird der Ehegattenzuschlag erhöht, so daß Rente und Ehegattenzuschlag den Betrag von mindestens 95,– DM monatlich erreichen.

4. Die Anrechnung des Jahresurlaubs bei Heil- und Genesungskuren der Sozialversicherung wird aufgehoben.

5. Die Verordnung vom 19. März 1953 über die Herausnahme der freiwilligen Versicherungen aus der Sozialversicherung wird aufgehoben.

Für alle Bürger werden die am 31. März 1953 bestandenen Rentenversicherungen, Zusatzrentenversicherungen und Zusatzsterbegeldversicherungen zu den alten Beiträgen mit den alten Ansprüchen wiederhergestellt.

Die Deutsche Versicherungsanstalt übernimmt die freiwillig gegen Krankheit bei der Sozialversicherung Versicherten ohne Prüfung des

Gesundheitszustandes zu dem am 1. April 1953 eingeführten Tarif.

6. Der Bau und die Instandsetzung von Wohnungen, besonders in großen Städten und Industriezentren, ist beträchtlich zu erhöhen. Aus Einsparungen durch Herabsetzung der Investitionen bei der Schwer- und Grundstoffindustrie sind für die Gewinnung von neuem Wohnraum (Neubau, Ausbau, Reparaturen sowie für die Instandsetzung von Straßen) für das Jahr 1953 über den bisherigen Plan hinaus zusätzlich Investitionsmittel und Lizenzkredite in Höhe bis zu 600 Millionen DM zu stellen.

7. Zur Verbesserung hygienischer und sanitärer Einrichtungen in volkseigenen Betrieben sind 30 Millionen DM Investitionsmittel im Jahre 1953 zusätzlich zur Verfügung zu stellen. Die Betriebsgewerkschaftsleitungen haben die entsprechenden Vorschläge an die Zentralvorstände ihrer Gewerkschaften zu machen, die diese Vorschläge überprüfen und mit ihrer Stellungnahme dem jeweils zuständigen Fachministerium zur Beschlußfassung übermitteln. Für die örtlichen volkseigenen Betriebe sind die Anträge an die Bezirke zu richten.

8. Für die Errichtung und den Ausbau und Wiederaufbau von Gebäuden des Kultur-, Sozial- und Gesundheitswesens, wie Feierabendheime, Erholungsstätten des Feriendienstes der Gewerkschaften, Kindergärten und Kinderkrippen, sind im Jahre 1953 zusätzlich 40 Millionen DM Investitionsmittel bereitzustellen.

9. Die Versorgung der Werktätigen mit Arbeitskleidung, Arbeitsschuhen und Arbeitsschutzkleidung ist entsprechend den Vorschlägen des Bundesvorstandes des FDGB zu verbessern.

10. Die täglichen Stromabschaltungen bei der Bevölkerung sind im III. Quartal 1953 durch Einschränkungen im Stromverbrauch der Schwer- und Grundstoffindustrie aufzuheben. Das Staatssekretariat für Energie wird aufgefordert, für die weitere Regelung der ausreichenden Stromversorgung der Bevölkerung in den Wintermonaten die erforderlichen Vorschläge der Regierung bis zum 1. August 1953 zu unterbreiten.

Das Zentralkomitee wird demnächst erneut zusammentreten, um – nach inzwischen erfolgter Ausarbeitung weiterer notwendiger Maßnahmen – Partei und Öffentlichkeit in einer zusammenhängenden Darstellung über alle Probleme der neuen politischen und wirtschaftlichen Aufgaben zu informieren. Es lenkt aber schon heute die Aufmerksamkeit auf die grundlegende Tatsache, daß diese von Partei und Regierung ergriffene weitreichende Initiative zur Verbesserung der Lebenshaltung aller Schichten der Bevölkerung nur erfolgreich verwirklicht werden kann, wenn die Werktätigen, von der Notwendigkeit der ständigen Steigerung der Arbeitsproduktivität überzeugt, den Wettbewerb breiter entfalten, die Neuerermethoden verbreiten und die Leitung und Organisation der volkseigenen Industrie auf die gebührende Höhe bringen. Das Zentralkomitee begrüßt daher die Beschlüsse von vielen Belegschaften, die zur Aufholung der durch die Zerstörungen und Ausschreitungen verursachten erheblichen Produktionsverluste aufgerufen haben.

Möge sich jedes Parteimitglied, jeder Werktätige bewußt sein, daß von der Hebung des Lebensstandards in der Deutschen Demokratischen Republik, von der Festigung unserer demokratischen Staatsmacht, von der Schaffung eines wahrhaft vorbildlichen demokratischen Staates auf deutschem Boden in weitem Maße die Erhaltung des Friedens und die Herbeiführung der Einheit Deutschlands abhängen.

Adenauer, Ollenhauer, Kaiser und Reuter gehen auf Krieg. Deswegen ihre Anschläge auf uns, deswegen die Verwandlung Westdeutschlands in einen Hort des Faschismus und der Reaktion. Unsere Partei und unsere Regierung stehen für den Frieden. Deswegen bei uns der Kurs auf eine musterhafte Friedenswirtschaft. Unser neuer Kurs ist die schärfste Waffe aller Deutschen gegen jegliche Kriegsprovokation auf deutschem Boden.

An die Arbeit, Genossen!

Mit größerer Einsicht, doppelter Energie und fester Disziplin!

Es lebe die Sozialistische Einheitspartei Deutschlands, die Bannerträgerin im Kampfe für Frieden, Einheit und Demokratie.

Es lebe die Regierung der Deutschen Demokratischen Republik, die Regierung des Friedens und der Arbeit!

Es lebe der Präsident der Deutschen Demokratischen Republik, Wilhelm Pieck!

Dokumente der SED, Bd. IV, S. 436 ff.

Brecht, Grass und der 17. Juni 1953

[Dok. XII]

Nachdem das Verhalten Bertolt Brechts während der Erhebung vom 16./17. Juni 1953 von Günter Grass Anfang 1966 in seinem Theaterstück »Die Plebejer proben den Aufstand. Ein deutsches Trauerspiel« *(Neuwied und Berlin 1966) kritisch dargestellt worden war, meldete sich der Filmregisseur Erwin Leiser, der als Feuilletonredakteur einer schwedischen Zeitung Brecht kurz nach den Ereignissen besucht hatte, mit folgendem Text zu Wort, der am 11. Februar 1966 in der schweizerischen* Weltwoche *veröffentlicht wurde:*

Günter Grass hat »ein deutsches Trauerspiel« über Brecht und den 17. Juni 1953 geschrieben, »Die Plebejer proben den Aufstand«, das nach Ansicht einer einflußreichen Zeitung den Punkt trifft, »wo dokumentarisches und klassisches Theater sich kreuzen«. Auch Kritiker, die das Stück ablehnen, lassen sich von dem vorgetäuschten Realismus gewisser Einzelheiten dazu verleiten, den »Chef« auf der Bühne als Brecht-Porträt zu akzeptieren. Als »dokumentarisches Theater« wirkt die Verfälschung der Wirklichkeit glaubwürdig. Die Einbildungskraft des großen Publikums reicht nicht dazu aus, bei einem Mann wie Grass die bewußte Entstellung der Wahrheit zu vermuten.

Grass zeichnet die unzufriedenen Arbeiter, die im Juni 1953 in Ostberlin gegen die Erhöhung der Arbeitsleistungen protestierten, als brutale und unreife Kinder. Der »Chef« ist ein »mieser Ästhet«, ein Zauderer, dessen »List« der Situation nicht gewachsen ist. Weder die Ereignisse des 17. Juni 1953 noch das Leben des Bertolt Brecht liegen jedoch soweit zurück, daß Grass sagen darf: »Der Fall Brecht und der Fall Sir Walter Raleigh erlauben und erlaubten Fälschungen der Theatergeschichte und der englisch-römischen Geschichte zugunsten der jeweiligen Historien-Stücke.«

Am 8. März 1964 erzählte ich Grass, was ich über Brecht und den 17. Juni 1953 wußte. Als Kulturredaktor des schwedischen Regierungsorganes »Morgon-Tidningen« hatte ich im Herbst 1953 eine Reportagereise nach Berlin unternommen, und Brecht, den ich 1948 in

Zürich kennengelernt hatte, nach seiner Haltung am 17. Juni 1953 befragt. Am 6. Oktober 1953 erhielt ich eine schriftliche Erklärung von Brecht, die ich einem am 11. Oktober 1953 in Stockholm veröffentlichten Artikel zugrunde legte. Ich weiß, daß ich nicht der einzige bin, der Grass durch die Konfrontation mit der Wahrheit davon abbringen wollte, seinen Theatereinfall auszuarbeiten. Wie wenig ihn diese Wahrheit interessierte, zeigen die folgenden Sätze aus einer Rede, die Grass ein paar Wochen nach unserem Gespräch, vor der Berliner Akademie der Künste, über die Tragödie des Coriolanus »von Livius und Plutarch über Shakespeare bis zu Brecht und mir« hielt und in der er sein Stück ankündigte: »Wir wissen, daß Bertolt Brecht, während der Aufstand in Ostberlin und jenen Provinzen lief, die die Staatsbezeichnung DDR zusammenfaßt, seine Probenarbeit nicht unterbrochen hat. Doch probte er nicht ›Coriolanus‹ sondern Strittmatters ›Katzgraben‹.«

Die Wirklichkeit sah anders aus. Bereits vor den Ereignissen des 16. und 17. Juni 1953 waren im Berliner Ensemble für den 17. Juni Proben zu Molières »Don Juan« und Kleists »Der zerbrochene Krug« angesetzt worden. Diese Proben wurden nicht durchgeführt. Am Abend des 16. Juni kam Brecht nach Berlin zurück und traf sich mit seinen Mitarbeitern zu einer bereits vorher verabredeten Besprechung über Probleme der laufenden Theaterarbeit, die sich in eine Aussprache über die politische Situation verwandelte. Helene Weigel war in Budapest. Am 17. Juni kam Brecht früher als gewöhnlich in das Probenhaus des Ensembles in der Reinhardt-Straße. Es fanden zwei Betriebsversammlungen statt, bei denen die Lage erörtert wurde, eine am frühen Morgen, eine mittags. Während der ersten Versammlung schrieb Brecht in seinem Arbeitszimmer im ersten Stock des Probenhauses an drei bereits vorher entworfenen Briefen an Ulbricht, Grotewohl und den sowjetischen Hochkommissar Semjonow. Das Schreiben an Ulbricht, von dem am 21. Juni nur der letzte Satz im »Neuen Deutschland« veröffentlicht wurde, lautete:

»Die Geschichte wird der revolutionären Ungeduld der Sozialistischen Einheitspartei Deutschlands ihren Respekt zollen. Die große Aussprache mit den Massen über das Tempo des sozialistischen Aufbaus wird zu einer Sichtung und Sicherung der sozialistischen Errungenschaften führen. Es ist mir ein Bedürfnis, Ihnen in diesem Augenblick meine Verbundenheit mit der Sozialistischen Einheitspartei Deutschlands auszudrücken.«

Dieser Text ist nicht »listig«, wie so oft behauptet worden ist. Brecht wendet sich gegen die Überbeanspruchung der Arbeiter durch »das Tempo des sozialistischen Aufbaus« und fordert »die große Aussprache mit den Massen«. Gleichzeitig bringt er zum Ausdruck, daß er als Kritiker der SED nicht mit denen verwechselt werden will, die außerhalb des ostdeutschen Staates Ulbricht angreifen. Es ist eine selbstverständliche Regel für die Diskussion im Osten, daß eine kritische Auseinandersetzung mit den Maßnahmen eines Regimes nur dann von Bedeutung ist, wenn sie von innen kommt und sowohl den Staat wie die Partei grundsätzlich bejaht. Nachdem im »Neuen Deutschland« nur das letzte Stück des Briefes an Ulbricht veröffentlicht worden war, gingen im Westen die Wogen der Entrüstung über das vermeintliche Glückwunschtelegramm Brechts so hoch, daß weder im Sommer 1953 noch in den darauffolgenden Jahren eine Darstellung der differenzierten Haltung Brechts seiner Sache genützt hätte.

Bei meinem ersten Gespräch mit Brecht im Herbst 1953, in seinem damaligen Hause in Berlin-Weißensee, zeigte ich ihm einen Artikel, in dem es hieß, er habe sich zwischen zwei Stühle gesetzt und befinde sich in einem Niemandsland zwischen Ost und West. Er meinte dazu: »Das muß berichtigt werden. Ich sitze auf einem Stuhl, im Osten. Aber er wackelt. Er hat nur drei Beine.«

Sein Brief an mich vom 6. Oktober 1953 hatte folgenden Wortlaut: »Am 17. Juni richtete ich einen kurzen Brief an die Sozialistische Einheitspartei Deutschlands, in dem ich auf die Notwendigkeit einer großen Aussprache mit der Arbeiterschaft hinwies. Daraus wurde nur der Schlußsatz veröffentlicht.

Die Sozialistische Einheitspartei Deutschlands hat Fehler begangen, die für eine sozialistische Partei sehr schwerwiegend sind und Arbeiter gegen sie aufbrachten. Ich gehöre ihr nicht an. Aber ich respektiere viele ihrer historischen Errungenschaften, und ich fühlte mich ihr verbunden, als sie – nicht ihrer Fehler, sondern ihrer Vorzüge wegen – von faschistischem und kriegstreiberischem Gesindel angegriffen wurde. Im Kampf gegen Krieg und Faschismus stand und stehe ich an ihrer Seite.«

Brecht behielt sich hier das Recht vor, nachdem er A gesagt hatte, nicht das B zu sagen, das von ihm erwartet wurde. Aus diesem Grunde unterblieb auch die Veröffentlichung eines Briefes, den Brecht am 1. Juli 1953 an seinen alten Freund und Verleger Peter Suhrkamp richtete und den ich in jenen Herbsttagen bei Brecht las. Suhrkamp hatte Brecht nach seiner Meinung über die Ereignisse des 17. Juni gefragt und um eine Erklärung seiner Haltung gebeten. Aus Brechts Antwort geht hervor, daß er an jenem Tage auch auf der Straße war, um die Demonstration zu sehen, und daß er befürchtete, die nationalsozialistische »Revolution« könne sich wiederholen. Ich notierte mir damals Brechts Worte: »Von den Linden aus konnte man die Rauchwolke des Columbushauses, an der Sektorengrenze des Potsdamer Platzes liegend, sehen, wie an einem vergangenen Unglückstag einmal die Rauchwolke des Reichstagsgebäudes.« Brecht sah auf der Straße nicht nur demonstrierende Arbeiter und Arbeiterinnen, sondern auch »allerlei deklassierte Jugendliche, die durch das Brandenburger Tor, über den Potsdamer Platz, auf der Warschauer Brücke, kolonnenweise eingeschleust waren«, und außerdem »die scharfen, brutalen Gestalten der Nazizeit, die man seit Jahren nicht mehr in Haufen hatte auftreten sehen und die doch immer da gewesen waren.«

Nicht nur am 17. Juni mißtraute Brecht entfesselten deutschen Massen. Aber an jenem Tage sah er die Welt am Rande eines dritten großen Krieges. Daß die Wahrheit über Brecht und den 17. Juni 1953 viel komplexer ist, als die üblichen Darstellungen zum Ausdruck bringen, zeigt eine Analyse seiner im Sommer 1953 entstandenen »Buckower Elegien«. Von diesen Gedichten ist »Die Lösung« das bekannteste:

Nach dem Aufstand des 17. Juni
Ließ der Sekretär des Schriftstellerverbandes
In der Stalinallee Flugblätter verteilen
Auf denen zu lesen war, daß das Volk
Das Vertrauen der Regierung verscherzt habe
Und es nur durch verdoppelte Arbeit

> *Zurückerobern könne. Wäre es da*
> *Nicht doch einfacher, die Regierung*
> *Löste das Volk auf und*
> *Wählte ein anderes?*

Dagegen hat, soviel ich weiß, bisher niemand darauf hingewiesen, daß das Entsetzen, das Brecht in den »Buckower Elegien« gestaltet, vor allem durch Gespenster aus dem Dritten Reich hervorgerufen wird. In dem Gedicht »Der Einarmige im Gehölz« sieht er einen Mann, der sich schweißtriefend nach dürrem Reisig bückt und sich ächzend aufrichtet, »streckt die Hand hoch, zu spüren / Ob es regnet. Die Hand hoch / Der gefürchtete SS-Mann.« Brecht denkt an das Jahr 1945:

> *Da war eine Zeit*
> *Da war alles hier anders.*
> *Die Metzgerfrau weiß es.*
> *Der Postbote hat einen zu aufrechten Gang.*
> *Und was war der Elektriker?*

Wieviel hat sich bisher geändert? Die alten Gewohnheiten sind nicht verschwunden:

> *Die Teller werden hart hingestellt*
> *Daß die Suppe überschwappt.*
> *Mit schriller Stimme*
> *Ertönt das Kommando: Zum Essen!*
> *Der preußische Adler*
> *Den Jungen hackt er*
> *Das Futter in die Mäulchen.*

Bei Grass sagt der »Chef« in der letzten Szene des Stückes: »Ihr Unwissenden! Schuldbewußt klage ich euch an.« Damit wird auf das Gedicht »Böser Morgen« in den »Buckower Elegien« angespielt, in dem es heißt:

> *Heut nacht im Traum sah ich Finger, auf mich deutend*
> *Wie auf einen Aussätzigen. Sie waren zerarbeitet und*
> *Sie waren gebrochen*
> *Unwissende! schrie ich*
> *Schuldbewußt.*

Dieses Gedicht wird immer wieder auf den 17. Juni 1953 bezogen.

Viele Brecht-Forscher glauben, daß hier Arbeiter mit Fingern, die von sowjetischen Panzern gebrochen sind, auf Brecht zeigen, und daß der Dichter sich seiner Schuld bewußt ist und ihnen »Unwissende« zuschreit, da sie ja nicht wissen können, was er denkt und wie die nichtveröffentlichten Sätze in seinem Brief an Ulbricht lauten. Diese Deutung ist falsch.

Brechts Bildsprache war immer sehr genau. Wenn er in diesem Gedicht wirklich an die sowjetischen Panzer gedacht hätte, wären die Finger in seinem Gedicht nicht »gebrochen«. Finger, über die Panzer hinwegrollen, sind zermalmt und können auf niemanden mehr deuten. Eine andere Leseart ist meiner Ansicht nach viel überzeugender: die Finger in diesem Gedicht wurden durch die Folter Stalins gebrochen, Brecht nimmt auf die Enthüllungen nach Stalins Tod Bezug. Arbeiter, die von den Methoden Stalins nichts wußten und Opfer seines Terrors wurden, deuten auf den Dichter wie auf einen Aussätzigen, und er ist schuldbewußt, denn er hätte die Wahrheit wissen und sagen müssen.

Brecht hatte keinen Grund, wegen seiner Haltung am 17. Juni »schuldbewußt« zu sein, und zu glauben, es könne Unklarheit über seine wahren Absichten herrschen. Bereits am 23. Juni 1953 veröffentlichte das »Neue Deutschland« folgende Erklärung von Brecht: »Ich habe am Morgen des 17. Juni, als es klar wurde, daß die Demonstrationen der Arbeiter zu kriegerischen Zwecken mißbraucht wurden, meine Verbundenheit mit der Sozialistischen Einheitspartei Deutschlands ausgedrückt. Ich hoffe jetzt, daß die Provokateure isoliert und ihre Verbindungsnetze zerstört werden, die Arbeiter aber, die in berechtigter Unzufriedenheit demonstriert haben, nicht mit Provokateuren auf eine Stufe gestellt werden, damit nicht die so nötige große Aussprache über die allseitig gemachten Fehler von vornherein gestört wird.«

Hier kommt Brechts Auffassung zum Ausdruck, die Ereignisse des 17. Juni hätten bei einer anderen Entwicklung einen neuen Weltkrieg auslösen können. Er unterscheidet zwischen Provokateuren und Arbeitern, die mit Recht unzufrieden sind. Er wiederholt die Forderung nach der großen Aussprache »über die allseitig gemachten Fehler«. In den darauf folgenden Wochen zeigte Brecht, daß er kein gehorsamer Ja-Sager war. Er kämpfte für »die Freiheit des künstlerischen Ausdrucks« und veröffentlichte am 11. und 15. Juli in der »Berliner Zeitung« satirische Gedichte über »nicht feststellbare Fehler der Kunstkommission« und »Das Amt für Literatur«. Im »Neuen Deutschland« stand am 12. August 1953 eine Betrachtung von Brecht über »Kulturpolitik und Akademie der Künste«, in der er die Orientierung nach den Vorbildern aus der Sowjetunion als unfruchtbar bezeichnete, »wenn es uns nicht gelänge, sie für die spezifischen Verhältnisse bei uns zu modifizieren«. Brecht erklärte: »Es mag für administrative Zwecke und mit Rücksicht auf die Beamten, die für Administration zur Verfügung stehen, einfacher sein, ganz bestimmte Schemata für Kunstwerke aufzustellen. Dann haben die Künstler ›lediglich‹ ihre Gedanken (oder die der Administration›) in die gegebene Form zu bringen, damit alles ›in Ordnung‹ ist. Aber der Schrei nach Lebendigem ist dann ein Schrei nach Lebendigem für Särge. Die Kunst hat ihre eigenen Ordnungen.«

Brecht exponierte sich damals sehr in dieser Auseinandersetzung über die Freiheit der Kunst, verbat sich jedoch in dem erst nach seinem Tode veröffentlichten Gedicht »Nicht so gemeint« das »Beifallsgeklatsche / Von jenseits der Sektorengrenze«. Er wollte nicht für Zwecke mißbraucht werden, die nicht seine eigenen waren. Der Pazifist Brecht befürchtete, »Freiheit für alle« bedeute auch »Freiheit den Kriegstreibern« und zog »selbst die schmalsten Stirnen / In denen der Friede wohnt« dem Kunstfreund vor, »der auch Freund der Kriegskunst« ist. Brecht mißtraute der neuen westdeutschen Demokratie und sagte kurz vor seinem Tode zu einem Freund: »Zur Demokratisierung gehören Demokraten, man kann sie weder beschließen noch anordnen.«

Hier steht nicht zur Debatte, ob er recht hatte und richtig handelte, sondern was er damals wirklich dachte und tat. Wenn man die Wahrheit den vielen Mißverständnissen und Falschmeldungen gegenüberstellt, entdeckt man ein Brecht-Porträt, das den üblichen Klischees und vor allem der Darstellung bei Grass widerspricht.